Iris Skowronek

101 Praxistipps für mehr Erfolg im Einzelhandel

Iris Skowronek

101 Praxistipps für mehr Erfolg im Einzelhandel

Band 2:

Marketing + Werbung
Kunden
Mitarbeiter

Deutscher Fachverlag

Bibliografische Information der Deutschen Nationalbibliothek
Die Deutsche Nationalbibliothek verzeichnet diese Publikation in der Deutschen Nationalbibliografie; detaillierte bibliografische Daten sind im Internet über http://dnb.d-nb.de abrufbar.

ISBN 978-3-86641-255-2

Umschlag: Gerhard Berger, berger.design, Darmstadt
Satz: Gerhard Berger, berger.design, Darmstadt
Druck und Verarbeitung: Stürtz GmbH, Würzburg

Inhaltsverzeichnis

Rund um den lokalen Markt

Rund um den Shop als Kundenmagnet

Rund um Ware und Sortiment

Rund um Verkaufssteuerung und Verkaufsförderung

BAND 2

Rund um Marketing und Werbung für das Geschäft

Rund um die Kunden und den Kundenservice

Rund um die Mitarbeiter im Verkauf

Rund um Zahlen, Daten und Fakten im Einzelhandel

Rund um Unternehmensstrategien im Einzelhandel

Anhang

RUND UM MARKETING UND WERBUNG FÜR DAS GESCHÄFT

Quelle: Rewe

56 Corporate Identity – Die Unternehmensphilosophie

Ziel einer Unternehmensphilosophie ist es, sich von den Mitbewerbern so abzuheben, dass die Kunden die Einzigartigkeit, das Alleinstellungsmerkmal des Unternehmens verstehen und als unverwechselbar anerkennen. Ihre Kunden müssen diese Einmaligkeit in allem, was sie mit Ihrem Unternehmen in Verbindung bringen, sehen, spüren und erleben. Dies ist umso notwendiger, da die Märkte immer enger werden und die Produkte immer austauschbarer.

Die Corporate Identity eines Unternehmens setzt sich aus drei Teilen zusammen, die in sich eine geschlossene Einheit bilden: Die Unternehmenskultur, die Unternehmensdarstellung und die Unternehmenskommunikation.

Die Unternehmenskultur

Die Unternehmensphilosophie eines Unternehmens wird ganz wesentlich von seiner Unternehmenskultur geprägt. Diese entwickelt sich mit der Geschichte des Unternehmens. Oft ist es der Unternehmensgründer, der seine Werte und Normen stark mit in das Unternehmen einbringt und damit ganz wesentlich den Charakter, die Abläufe, die Produkte und die eigene Unternehmenssprache in seinem Unternehmen prägt. In der Unternehmenssprache werden häufig Abkürzungen und Begriffe verwendet, die vermutlich nur Insider kennen. Genau da liegt das Problem. Wenn nämlich eine Firmensprache nur noch von Insidern verstanden wird und das zu einer Abgrenzung auch gegenüber den Kunden führt. Ihre Firmensprache darf nicht dazu führen, dass Sie für neue, weiterführende Ideen im Unternehmen nicht mehr offen sind. Und trotzdem ist eine eigene Unternehmenskultur die Voraussetzung dafür, dass sich die Mitarbeiter in Ihr Unternehmen einbringen und sich mit ihm identifizieren können.

Machen Sie sich Gedanken darüber, welche Kultur bei Ihnen gelebt wird oder gelebt werden soll. In einem weiteren Schritt sollten Sie Ihre Unternehmenskultur mit den Anforderungen an Ihre Mitarbeiter und Ihr Umfeld abgleichen. Tragen und leben Ihre Mitarbeiter diese Unternehmenskultur? Stimmen die Botschaften, die Sie mit Ihrem Unternehmen nach außen, an Kunden, Mitbewerber, Medien senden, mit dem Verhalten des Unternehmens, Ihrem Verhalten und dem der Mitarbeiter überein oder gibt es Widersprüche? Alle Widersprüchlichkeiten sollten Sie sofort korrigieren. In der Kultur oder im Verhalten. Wichtig ist, dass alle Bereiche Ihres Unternehmens an den Gesamtzielen des Unternehmens ausgerichtet sind und sich an der allgemeinen Unternehmenskultur orientieren. Nur so können Sie es schaffen, dass die Kunden beispielsweise Ihr soziales Engagement, Ihr Umweltengagement oder Ihre Einstellung zu Kinderarbeit in den Entwicklungsländern im eigenen Unternehmen als stimmig wahrnehmen.

Natürlich ist eine Unternehmenskultur nicht in Stein gemeißelt. Sie muss leben und sich weiterentwickeln. Mit anderen Worten: Sie muss sich immer wieder veränderten Marktbedingungen anpassen können. Das wird für den Erfolg Ihres Unternehmens von entscheidender Bedeutung sein.

Die Unternehmensdarstellung

Der erste Eindruck ist entscheidend. Deshalb ist ein durchgängiger und grafisch einheitlicher Unternehmensauftritt für Ihr Geschäft unverzichtbar. Das gilt für die Farben des Unternehmens, Logo, Briefpapier, Geschäftslayout und -auftritt, Art der Kommunikation, Werbung, Internet usw. Für jedes Handelsunternehmen! Mit einem unverwechselbaren Erscheinungsbild, Ihren einheitlichen grafischen Symbolen, Ihrer Schrift, Ihrer Werbebotschaft, Ihrer Ladengestaltung oder Ihrem Sortiment grenzen Sie sich am deutlichsten in der Öffentlichkeit und von Ihren Mitbewerbern ab.

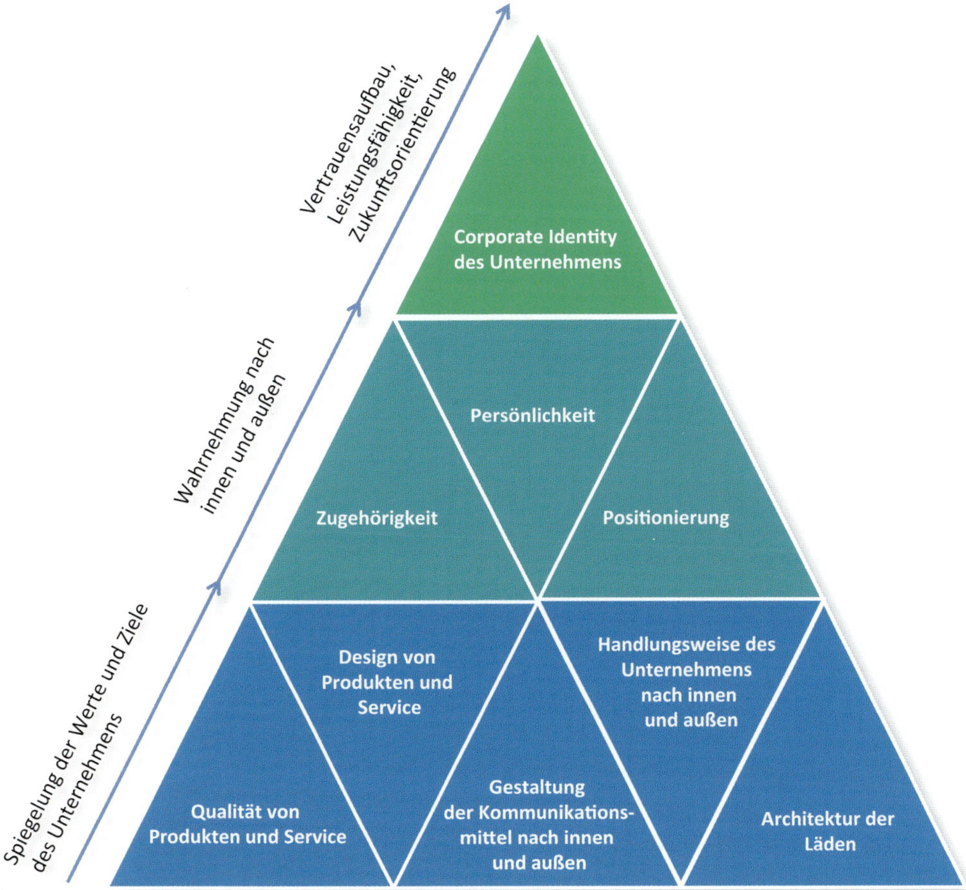

Die Corporate Identity bezeichnet die Übereinstimmung von Kultur, Kommunikation und Design eines Unternehmens nach außen und innen. Quelle: Iris Skowronek

Prüfen Sie Ihr Unternehmen auf Herz und Nieren. Ich habe gerade bei kleineren Unternehmen oft erlebt, dass zwar ein Name und eventuell passendes Geschäftspapier vorhanden war. Ging es aber um um Themen wie Werbung, Farben oder Außenauftritt, zerfloss dieses Bild zwischen den Fingern. Je nach Lust und Laune des Inhabers wurde mit allem gespielt. Kein Wunder, wenn die Öffentlichkeit dieses Geschäft nicht als besonders, einzigartig oder nutzbringend wahrnimmt.

Die Unternehmenskommunikation

Zur Unternehmensphilosophie gehört als dritter Punkt die Unternehmenskommunikation. Wie oben beschrieben, kommunizieren Sie mit allem, was Ihr Unternehmen betrifft. Leider transportieren dabei viele Unternehmen ganz unterschiedliche Botschaften an die Öffentlichkeit. Zum Beispiel nehmen die Kunden einem Geschäft für hochwertige Mode diese Hochwertigkeit nicht ab, wenn sie selbstgemachte Flyer auf billigem Kopierpapier verteilen. Oder Geschäfte tönen, dass sie sich um ihre Kunden kümmern, ihre Anregungen ernst nehmen und die Mitarbeiter sind ständig übel gelaunt und der Chef lässt sich verleugnen. Alle spüren, dass hier etwas nicht stimmt. Andere Dinge sind manchmal auch nur „über den Bauch", also unbewusst, wahrnehmbar. Auf jeden Fall sind die Kunden irritiert. Am Ende bleiben sie weg. Ganz bewusst oder unbewusst.

Mein Rat: Jede Botschaft, jede Werbung, jede Aktion, jeder Pressetext, den Sie veröffentlichen, sollte dem Zweck dienen, Ihre Produkte zu verkaufen, aber immer auch dem Zweck, Ihr Unternehmen, die Merkmale Ihres Unternehmens, Ihre Marke zu verkaufen. Mit allem, wofür Ihr Geschäft steht. Bis dahin, dass Sie genau überlegen sollten, wo Sie Ihr Unternehmen präsentieren oder wo Sie werben. Passen die Empfänger Ihrer Werbung, Ihrer Botschaft zu dem gewünschten Unternehmensimage? Woran sollen die Kunden oder die Öffentlichkeit Sie erkennen?

Sie benötigen dazu keine professionelle PR-Firma. Gehen Sie Schritt für Schritt diese drei Punkte durch und fragen sich immer wieder, ob Ihre jetzigen Maßnahmen Ihr gewünschtes Ziel unterstützen und was Sie unter Umständen verändern müssen. Seien Sie dabei konsequent.

Fazit

Eine klare Corporate Identity ist für jedes Unternehmen das Wichtigste, um am Markt von den Kunden überhaupt wahrgenommen zu werden. Über die CI transportiert das Geschäft seine Werte an die Innen- und Außenwelt. Über die Unternehmensphilosophie macht es das Handelsunternehmen erst möglich, dass sowohl Kunden als auch Mitarbeiter langfristig Vertrauen in das Unternehmen aufbauen können.

57 Der Marketingplan: Entscheidend für den Erfolg des Handelsunternehmens

Mit allen Formen des Marketings wollen Händler Menschen dazu animieren, ihr Geschäft oder ihre Webseite zu besuchen und ihre Waren zu kaufen. Das große Hauptziel ist es, mehr Umsatz im Geschäft zu erzielen. Mehr Umsatz kann allerdings nur erreicht werden, wenn die einzelnen Schrauben, die den Umsatz beeinflussen, sich positiv entwickeln. Eine Möglichkeit, an den Schrauben kontinuierlich über das gesamte Jahr zu drehen, ist der Jahresmarketingplan. Darin legen Sie fest, wie Sie den Verkauf Ihrer Ware mit Aktionen, Events und Werbung im laufenden Geschäftsjahr unterstützen wollen. Der Marketingplan unterstützt die Ziele Ihres Unternehmens aus ganzheitlicher Sicht.

Ziele des Marketingplanes

- **Sie wollen bekannter im Markt werden,** indem Sie immer wieder durch neue Aktivitäten auf sich aufmerksam machen. Ob es die Feier für die neue Kollektion ist, Ostern und Weihnachten mal anders gefeiert werden, kleine Wettbewerbe stattfinden. In den Augen Ihrer Kunden erscheinen Sie damit immer wieder neu und aktuell.

- **Sie wollen mehr Besucher in Ihrem Geschäft zu Kunden machen,** indem Sie mit all Ihren Maßnahmen der Öffentlichkeit und vor allem den Besuchern in Ihrem Geschäft Ihre Kompetenz zeigen. Bieten Sie dem Besucher immer wieder neue Varianten und Problemlösungen mit Ihrem Sortiment an und schicken Sie ihn auf eine Entdeckungsreise in ein Geschäft, welches sich immer wieder selbst neu inszeniert. Dazu verhelfen oft schon kleinere Warenlegungsveränderungen oder sich saisonal ändernde Warenpräsentationen. Wichtig ist, dass sich die Besucher in Ihrem Geschäft verstanden fühlen, denn dadurch werden sie zu Kunden.

- **Sie wollen mehr Kunden zu Stammkunden machen,** indem sich Ihre Kunden bei Ihnen gut versorgt fühlen. Die Kunden müssen spüren, dass Sie ihre Wünsche und Probleme verstehen, dass Sie diese ernst nehmen und ihnen bei deren Lösung behilflich sind. Noch besser: Lösungen für Probleme des Kunden entwickelt haben, denen er sich bisher noch gar nicht bewusst war: Zeit- oder Kostenersparnis durch Ihre Produkte, Problemfelder kaschieren. Die Kunden sollen mit Stolz von Ihren Produkt- oder Serviceleistungen berichten und immer wieder kommen.

- **Sie wollen mehr Frequenz und damit mehr Umsatz in Ihrem Geschäft erreichen,** indem Sie mit Ihren Aktionen, Kampagnen, Werbungen regelmäßig und über das Jahr verteilt die Menschen inspirieren, zu Ihnen ins Geschäft oder auf die Webseite zu kommen. Fragen Sie sich bei jeder Aktion und jeder Werbung, weshalb die Menschen gerade zu Ihnen kommen sollten. Und weshalb gerade jetzt? Die Menschen werden überladen mit Werbung. Was also ist an Ihrer so faszinierend? Ist es Ihre Botschaft, ist Ihr Angebot so verlockend, dass die Menschen bereit sind, Fahrwege und Kosten dafür in Kauf zu nehmen?

Wo wollen Sie hin und wo stehen Sie jetzt mit Ihrem Geschäft? Der Kopf raucht ...
Um einen guten Marketingplan erstellen zu können, müssen Sie Ihre momentane Situation analysieren. Wichtig ist, auf Veränderungen in Ihrem Unternehmen, bei den Mitbewerbern und in der Gesellschaft zu schauen. Was gibt es für neue gesellschaftliche Trends und welche Trends zeigen sich in Ihrem Sortimentsbereich? Was hat sich bei Ihren Wettbewerbern verändert? Gibt es neue Mitbewerber am Markt, sind andere verschwunden? Haben sich deren Stärken und Schwächen verändert? Gab es Umbauten, Erweiterungen, Sortimentsveränderungen?

Was hat sich bei Ihren Kunden verändert? Das Alter, die Anzahl der Kinder, das Einkommen? Was waren die wichtigsten Wünsche der Kunden, mit denen sie in Ihr Geschäft kamen?

Was hat sich in den letzten Monaten in Ihrem eigenen Unternehmen verändert? Das Sortiment, der Umsatz, die Frequenz? Wie hat sich der Bon entwickelt? Brauchen Sie mehr Umsatz oder mehr Frequenz in Zukunft? Oder beides?

Aus jedem dieser Punkte ziehen Sie die notwendigen Schlussfolgerungen für Ihr Geschäft. Wo müssen Sie auf die Umstände in Ihrem Umfeld reagieren? Wo können Sie schneller als Ihre Mitbewerber tätig werden und sich so einen Vorsprung verschaffen? Welche Probleme und welche Möglichkeiten haben Sie?

Mit diesem Wissen sind Sie in der Lage, Ihre Ziele für den nächsten Marketingplan festzulegen. Wie viel Umsatz wollen Sie erreichen und mit welchen Maßnahmen und Strategien soll dieses Ziel erreicht werden? Nur so können Sie die dafür notwendigen Kosten auch einplanen und verankern.

Wie kommen Sie dahin? Der Aktionsplan
Am besten, Sie nehmen einen übersichtlichen Jahresplan (Projektplan; gibt es als Vorlage) und markieren alle externen und bereits feststehenden Ereignisse wie Stadtfeste, wichtige Sportereignisse bis hin zu den Schulferien. Viele Mitbewerber werben immer zur gleichen Zeit mit den gleichen Dingen. Seien Sie anders und/oder schneller. Tragen Sie die Ihnen bekannten und sich wiederholenden Aktionen der Mitbewerber ein. Als Nächstes tragen Sie eigene, wichtige Termine für Ihr Sortiment, Ihre Produkte ein. Neue Ware, Sortimentswechsel usw. Anhand dieser Angaben können Sie festlegen, zu welcher Zeit und womit Sie den Verkauf stärker fördern wollen. Planen Sie Events, Aktionen oder Kooperationsveranstaltungen auf jeden Fall so ein, dass sie sich über das ganze Jahr verteilen. So haben Ihre Kunden das Gefühl, dass bei Ihnen immer etwas los ist. Planen Sie für diese Aktionen und Veranstaltungen ein realistisches Budget ein. Planen Sie keine der Aktionen ohne ein kom-

merzielles Ergebnis, also ein qualitatives und quantitatives Ziel, das Sie erreichen wollen! Fragen Sie sich bei jeder Maßnahme immer, ob sie auch wirklich in irgendeiner Form das gewünschte Ziel erfüllt. Zum Schluss sollten Sie einen gut ausgefüllten Projektplan (Marketingplan) für das nächste Geschäftsjahr vor sich liegen haben.

Marketingplan 20XX

Beispielfirma Mustermann

			20XX	Januar				Februar			Kosten		
Aktion/Maßnahme	Kundenzielgruppe	Wer macht was?	Kalenderwoche	1	2	3	4	5	6	7	Pro Aktion	Anzahl	Gesamt
Intern													
Kollektionswechsel													
Rausverkauf													
Aktion A													
Aktion B													
Aktion C													
Sonderfläche 1													
Sonderfläche 2													
Ostern													
Weihnachten													
usw.													
Extern													
Stadtfest – Außenverkauf													
Messe – Standpromotion													
Offener Sonntag – Sektverkauf, Kooperation mit..													
usw.													

Beispiel für einen einfachen Marketingplan, erstellt mit Excel. Quelle: Iris Skowronek

Diese Fragen sollten Sie im Vorfeld beantworten:

- Wie viel Menschen, potenzielle Besucher und Kunden, werden Sie mit Ihrer Aktion, Ihrer Werbung, Ihrer Maßnahme erreichen können?
- Wie viele dieser Menschen könnten Sie mit Ihrer Aktion, Ihrer Werbung davon überzeugen, in Ihr Geschäft zu kommen?
- Wie hoch kalkulieren Sie die Gesamtkosten der Aktion und wie hoch wären sie heruntergebrochen für jeden einzelnen Besucher?
- Welchen Gewinn bringt jeder zusätzliche Kunde, der zu Ihnen kommt?
- Nach jeder Maßnahme sollten Sie Ihre Aktionen auswerten. Nur so können Sie aus Fehlern lernen, diese in Zukunft vermeiden, die optimalen Umsatzbringeraktionen wiederholen und einen kontinuierlichen Verbesserungsprozess einleiten.

Fazit

Ein Marketingplan aufzustellen bedeutet einmal im Jahr keinen unerheblichen Aufwand. Verglichen mit dem Schaden oder den Kosten, die nicht geplante Aktionen verursachen können, ist dieser Aufwand jedoch zu vernachlässigen. Mit einem gut durchdachten Marketingplan kann Ihr Geschäft nur gewinnen. Mehr Kunden, mehr Umsatz und mehr Image.

58 Wichtige Umsatzbringer: Aktionen und Events sinnvoll einsetzen

Ein Event oder eine Aktion sollten Sie immer nur mit dem Ziel durchführen, mehr Umsatz zu machen und mehr Kunden zu gewinnen. Den Zeitraum dafür haben Sie bereits in Ihrem Marketingplan festgelegt. In Ihrem Budget müssen Sie die Marketingkosten und Gelder von Anfang an einplanen. Alle externen Marketingaktionen sollten sich auf die Gewinnung neuer Besucher fokussieren. Marketingaktionen innerhalb Ihres Geschäftes darauf, dass Sie mehr Besucher zu Kunden machen, dass jeder Kunde pro Einkauf möglichst mehr ausgibt und natürlich darauf, Ihre Kunden zum wiederholten Mal in Ihr Geschäft zu ziehen.

Sonderaktionen im Geschäft

Mit Sonderaktionen sind hier Maßnahmen gemeint, mit denen Sie den Verkauf bestimmter Produkte unterstützen und Ihr Geschäft gleichzeitig zu einer abwechslungsreichen Bühne mit vielen bunten Vorstellungen machen. Schließlich sollen Ihre Kunden wissen, dass bei Ihnen im Geschäft regelmäßig etwas los ist. Dass es sich lohnt, auch einfach mal so vorbeizukommen.

Beispielsweise im Herbst, wenn es draußen langsam dunkler wird. Weshalb nicht in einem Lampengeschäft einen Kundenworkshop für die richtige Beleuchtung in der Wohnung durchführen? Eine kleine Lehrstunde zu den Vor- und Nachteilen der Kerzenmaterialien? Oder im Winter das Showkochen unter Benutzung Ihrer Pfannen und Töpfe oder Lebensmittel? Das Mixen cooler Cocktails mit dem Barzubehör aus dem eigenen Sortiment? Oder die Modenschau mit Ihrer Bekleidung oder Ihren Stoffen zur Saisoneröffnung, Schminkkurse mit der neuen dekorativen Kosmetik zum Karneval, dem Märchenvorleser oder dem Puppentheater für die Kinder mit Ihren Büchern oder Handpuppen in der Ferienzeit, wenn Kitas und Schulen geschlossen sind? Es gibt jede Menge Ideen für jeden Laden und für jedes Sortiment.

Regelmäßige Aktionen machen den Einkauf für Ihre Kunden abwechslungsreich und spannend. Dadurch, dass die Kunden dabei auch etwas über die Produkte erfahren, mit denen die Aktion durchgeführt wird, werden die Kunden zum Kauf inspiriert.

Wenn Sie die Gelder nicht haben, um diese Aktionen in den Medien zu bewerben, so informieren Sie doch die Kunden einfach am Ausgang über Ihre nächste Aktion, verbunden mit der Information, dass auch Freunde und Bekannte dazu eingeladen sind. Werben Sie auf Ihrer Homepage, bei Facebook, Twitter usw. dafür. Hängen Sie nie den ganzen Jahresmarketingplan in Ihrem Geschäft für die Kunden aus. Sie wollen doch, dass die Kunden öfter mal vorbeischauen.

Führen Sie nach jeder Aktion unbedingt immer eine Auswertung durch und prüfen Sie, ob

Sie Ihre quantitativen und qualitativen Ziele erreicht haben. Bestimmte Aktionen kommen so gut bei den Kunden an und bringen Ihnen so viel mehr Umsatz, dass Sie sie auch in den Marketingplan des nächsten Jahres wieder aufnehmen sollten. Andere leider nicht. Diese sollten auch nicht wiederholt werden.

Events außerhalb Ihres Geschäftes

Es kann zu bestimmten Anlässen durchaus Sinn machen, auch mal vor dem Geschäft oder an anderer Stelle in der Stadt ein Event zu veranstalten. Events erfordern in der Regel mehr Aufwand und sind auch kostenintensiver als Aktionen innerhalb des Geschäftes. Damit sich Events rechnen, müssen Sie deutlich mehr Kunden ansprechen als mit einer Aktion im Geschäft. Ihr Event sollte als solches von den Kunden schon Tage vorher wahrgenommen werden, und deshalb grundsätzlich in den entsprechenden Medien vor Ort beworben werden.

Das Ziel eines Events ist es, Ihren Bekanntheitsgrad zu erhöhen, mehr Menschen zu Ihnen in das Geschäft zu ziehen, das Einkaufserlebnis aller Ihrer Kunden zu verbessern und natürlich vor allen Dingen auch wieder mehr Umsatz zu erzielen.

Events können Sie zu den unterschiedlichsten Themen durchführen. Das können soziale Engagements sein, Sonderevents an Ostern oder Weihnachten in der Stadt mit Gewinnspielen, Stände zu regionalen Festen, oder Sie etablieren eigene Geschäftsfeiertage, die Sie jährlich wiederholen. Als kostengünstige Akteure bieten sich immer wieder junge oder Hobbykünstler an, Sportgruppen oder Kooperationen mit anderen Geschäftspartnern wie z. B. Dienstleistern. Letztere aber nur, wenn sie auch zu Ihrer Identität passen. Vielleicht finden Sie so spannende Ideen oder Anlässe, dass die örtliche Presse sogar einen journalistischen Fachartikel dazu schreibt. Das spart Ihnen die Anzeigenkosten.

Bei Events ist es wie bei allen anderen Aktionen auch wichtig, diese nach Abschluss auszuwerten. Stand das Event in einem gesunden Kosten-Nutzen-Verhältnis? Haben Sie Ihre Ziele erreicht? Was könnten die Ursachen sein, falls nicht? Finden Sie keine stichhaltigen Argumente für das Nichterreichen Ihrer Ziele, vergessen Sie dieses Event für die nächsten Jahre. Rechnet sich allerdings ein Event und Sie wiederholen es, werden Sie mit der Zeit immer routinierter. Das spart zusätzlich auch noch Geld.

Fazit

Aktionen und Events sind nützliche Veranstaltungen, die innerhalb und außerhalb des Geschäftes stattfinden, um Aufmerksamkeit zu erregen, das Image zu festigen und mehr Kunden zu gewinnen. Jede Aktion und jedes Event muss zwingend einem qualitativen und/oder quantitativen Ziel Ihres Handelsunternehmens dienen und deshalb konsequent auf die Zielerreichung hin ausgewertet werden.

59 Wie Preise das Kaufverhalten der Kunden beeinflussen

Haben Sie sich schon einmal bewusst gemacht, wann Sie ein Produkt als teuer und wann als günstig empfinden? Darüber sollten Sie sich Gedanken machen, wenn Sie von der Preisspirale nach unten nicht abhängig werden wollen.

Vergleichbarkeit der Produkte beachten

Wann interessieren sich Kunden für den Preis eines Produktes? Dann, wenn sie beabsichtigen, dieses Produkt zu kaufen oder dies zumindest in Erwägung ziehen. Die Preissuchmaschinen im Internet werden dann für Preisvergleiche benutzt. Sie suchen den günstigsten Preis für das von uns auserwählte Produkt, möglichst bei gleicher Qualität.

Wann aber wissen wir, ob ein Produkt teuer oder günstig ist? Wir wissen es dann, wenn mindestens zwei Produkte aus unserer Sicht, also aus Sicht des Kunden, vergleichbar sind! Fast alle Händler machen aber einen Fehler: Sie vergleichen ihr Angebot mit dem ihrer Mitbewerber nur aus Verkäufersicht.

Produkte und Preise aus Kundensicht

Möchte ich mir beispielsweise einen Fußbodenbelag aus Laminat kaufen, so beginne ich, mich für die Preise dieses Bodenbelages zu interessieren. Nach ein bis zwei Besuchen in entsprechenden Geschäften habe ich eine ziemlich genaue Vorstellung davon, wann ich das Laminat als preisgünstig und wann als teuer empfinde. Anschließend vergleiche ich alle Laminatprodukte in allen Geschäften auf Basis des Preisbildes in meinem Kopf. Genauso mache ich es mit Schnitzelfleisch, einem T-Shirt oder dem Speisen- und Getränkeangebot in einer Gaststätte. Sehr schnell wird so ein ganzes Geschäft oder eine Gaststätte als teuer oder preiswert deklariert. Und das wird natürlich auch gegenüber Freunden und Bekannten verkündet.

Genau dieses Preisempfinden für ein Produkt beeinflusst letztlich unser Kaufverhalten. Finde ich nach einigen Preisvergleichen nun ein Laminat, das deutlich unter allen bisher von mir wahrgenommenen Preisen liegt, impliziert das zunächst einmal den Verdacht, dass es sich hier um sogenannte zweite Wahl handeln muss. Dieser Preis liegt einfach weit außerhalb des von mir im Kopf fixierten Preisbildes.

Fast jeder Händler hat schon die Erfahrung gemacht, dass sich ein Artikel nach massiver Preissenkung nun überhaupt nicht mehr oder nur noch äußerst schleppend verkauft. Das liegt am Preisbild in den Köpfen der Kunden. Erst wenn mehrere Geschäfte mit ihrem Preis nach unten nachziehen, sind die Kunden bereit, diesen neuen Preis in ihre Preisvorstellungen miteinzubeziehen. Ohne dass sie denken, mit dem Produkt wäre irgendetwas nicht in Ordnung.

Was können Sie tun

Kurz und knapp: Alles, was Ihre Waren von der direkten Vergleichbarkeit aus Kundensicht wegführt. Was ist damit gemeint? Nun, Sie haben im Grunde genommen zwei Möglichkeiten.

Zum einen verändern Sie möglichst viele Eigenschaften und Nutzungsmöglichkeiten Ihrer Produkte. Dazu können Sie sich an den aktuellen Trends auf dem Markt orientieren. Jede Branche lässt sich bestimmten Trends zuordnen. Z. B. hat sich in der Lebensmittelbranche der Trend zu Bioprodukten durchgesetzt. Heute geht der Ernährungstrend noch weiter in Richtung „Mood Food", „Brain Food" oder „Beauty Food". Es gibt Nahrungsmittel, die gegen Falten und Nahrungsmittel, die bei Depression oder Müdigkeit wirksam sein sollen.

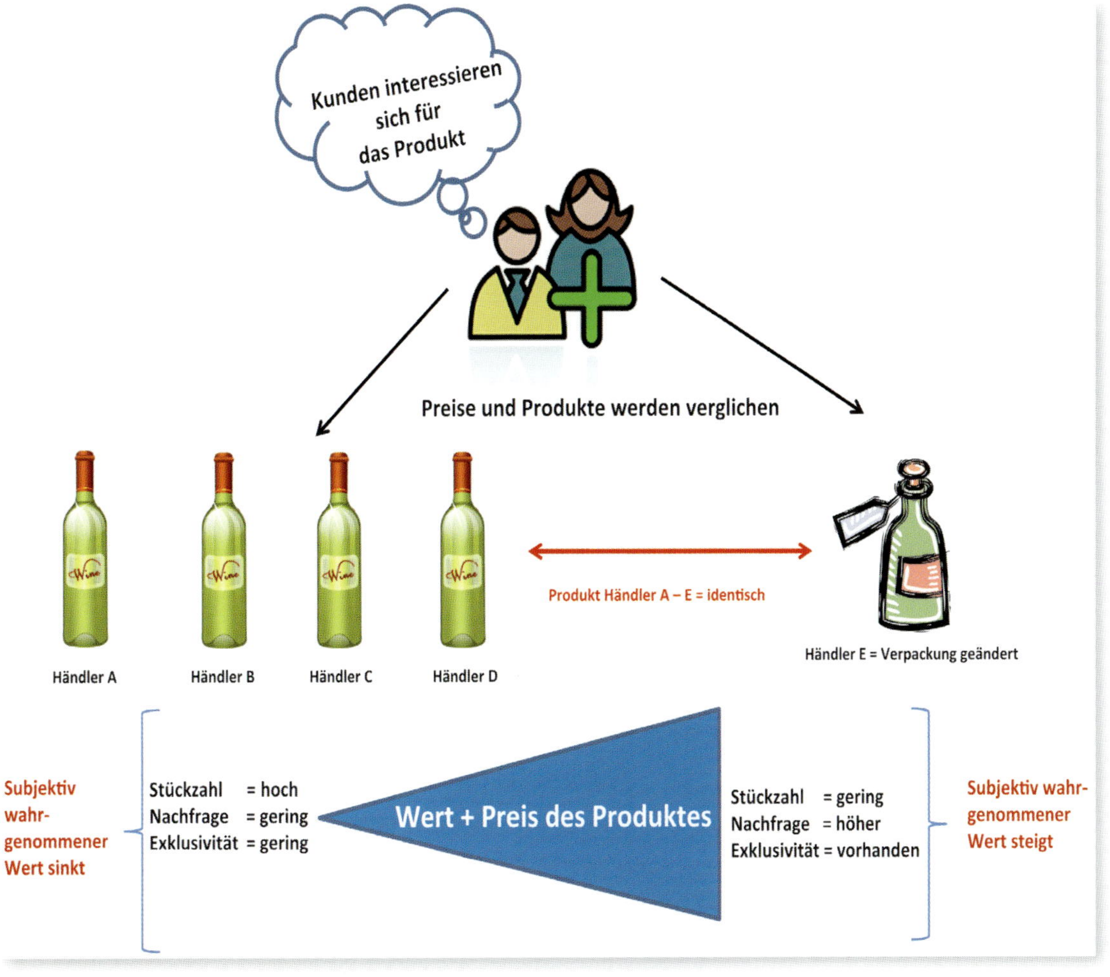

Wie Preis **und** Produkt das Kaufverhalten der Kunden beeinflussen. Quelle: Iris Skowronek

So entstand die erste „Anti-Falten-Marmelade" einer französischen Firma und das erste „Anti-Aging-Bier" einer deutschen Brauerei. Bei diesen Produkten setzen ganz klar die Ersten auf dem Markt die Preise. Obwohl es viele andere Sorten Bier und Marmelade gibt, gibt es keine, deren Preise sich mit diesen neuen Sorten vergleichen ließen.

Jetzt sagen vielleicht einige von Ihnen: Aber was soll ich an meinem Bekleidungssortiment denn ändern? Natürlich können Sie hier schwer die Zusammensetzung ändern. Aber es gibt so viele tolle Designer auf dem Markt, neue, noch relativ unbekannte Marken, die aber voll im Trend liegen. Oder lassen Sie selbst produzieren. Wann immer Sie dies tun und keine Konkurrenz vor Ort haben, bestimmen Sie die Preise. Es gibt viele Möglichkeiten, dem ewigen Preiskampf wenigstens ein Stück aus dem Weg zu gehen.

Die zweite Möglichkeit ist Ihr Alleinstellungsmerkmal. Wenn es schon 20 Pizza-Restaurants in Ihrem Ort gibt, Sie aber unbedingt das 21ste eröffnen wollen, brauchen Sie einen guten Grund, damit die Kunden ausgerechnet bei Ihnen ihre Pizza kaufen. Beobachten und befragen Sie die Menschen vor Ort. So erfahren Sie, womit Sie ihnen einen echten, wirklichen Nutzen bieten können. Vielleicht sind ja die Lieferzeiten der Mitbewerber den Kunden viel zu lang? Dann prüfen Sie, ob Sie es schaffen, den Kunden eine Garantie dafür zu geben, eine frische Pizza innerhalb einer klar definierten kürzeren Zeit zu liefern.

Dieses Prinzip lässt sich auf jede Ware und auf jeden Dienstleistungsbereich anwenden. Sie müssen also die wirklichen Bedarfe Ihrer Kunden kennen. Möglichst, bevor die Kunden selbst sich dieses Bedarfes bewusst werden.

Fazit

Dem ständigen Preiskampf können Sie entgehen, wenn Sie möglichst viele trendige Produkte ohne direkte Vergleichbarkeit oder Unikate im Sortiment haben. Nur dann werden Sie die Preise für eine gewisse Zeit diktieren können.

60 Darf ich kurz um Ihre Aufmerksamkeit bitten? – Wie Werbung wirkt

Sie kennen das sicher: Sie wollen wieder auf Ihre Waren und Leistungen aufmerksam machen. Geld ist ebenfalls vorhanden. Trotzdem grübeln sie jetzt schon seit Tagen, wie Sie am besten die Aufmerksamkeit der Kunden erreichen könnten. Das ist Ihr Ziel. Die Aufmerksamkeit der vielen Menschen da draußen nur für ein paar Sekunden auf Ihre Produkte lenken können. Aber die Kunden sind abgestumpft. Sie haben sich an Werbung längst gewöhnt. Von allen Seiten werden sie täglich mit Werbung konfrontiert.

Was die Forschung sagt

Natürlich möchte jedes Unternehmen wissen, ob die Gelder, die es für Werbung ausgibt, auch sinnvoll angelegt sind. Obwohl die Verhaltensforschung, die Psychologie und in den letzten Jahren immer mehr die Hirnforschung herangezogen werden, gibt es die optimale Werbeformel noch nicht. Trotzdem, Werbung richtig um- und eingesetzt, macht Ihre Ware und Ihre Leistungen für die Kunden spannender und konkurrenzfähiger. Die Basis von allem ist Ihr Sortiment, sind Ihre Preise und ist Ihr Service. Sie brauchen aber auch Verständnis für Ihren Markt und die Kunden. Nur so können Sie die Bedarfe Ihrer Kunden wahrnehmen und sie mit einer daran ausgerichteten Werbung inspirieren, in Ihr Geschäft zu kommen.

Möglichkeiten der Werbung

Je nachdem, welches Medium Sie verwenden, wirkt Werbung entweder im Innen- oder im Außenbereich. Sie können für sich eine Einzelwerbung schalten. Oder aber, was kostengünstiger ist, mit anderen Gewerbetreibenden gemeinschaftlich werben. Wichtig ist, dass Sie sicherstellen, dass Ihre Werbemaßnahme Aufmerksamkeit erregt. Das können Sie mit einer spannenden Headline oder einer interessanten Gestaltung erreichen. Wichtig ist, dass sich Ihre Werbung in Größe, Farbe und Layout von der der Mitbewerber abhebt. Denken Sie immer daran, dass Ihre Werbung neugierig machen und informativ sein muss. Sie muss nicht zwingend auch Produkte enthalten. Entscheidend sind die Originalität und die Einzigartigkeit.

Möchten Sie mit Bildern arbeiten, achten Sie darauf, dass Sie vor allen Dingen authentisch bleiben und keine Stereotype bedienen. Oder aber Sie überzeichnen derartig, dass Sie mit der daraus entstehenden Ironie Aufmerksamkeit erregen. Und: Obwohl der überwiegende Teil der Kunden weiblich ist, fühlen sich Frauen von der Werbung immer noch häufig unverstanden. Eine Riesenchance täte sich auf, würden die Frauen gezielter beworben werden.

Letztendlich muss die Werbung auch zu dem Image, Ihrem Corporate Identity passen, wenn Sie wollen, dass der Kunde Sie in der Öffentlichkeit wahrnimmt. Denn wie schon an anderer Stelle betont, erst Ihre durchgängige Außendarstellung macht Sie bei den Kunden glaubwürdig.

Werbemittel über Eigenschaften

Die meisten Händler wollen mit ihrer Werbung entweder mehr Besucher anziehen, mehr Besucher zu Kunden machen oder den Kassenbon erhöhen. Die Frage ist, womit was erreicht werden kann.

1. Sie brauchen mehr Besucher:

- Eine Anzeige in der Tageszeitung verspricht einen schnellen Informationswert, hat aber nur einen Tag Gültigkeit. Wie viele Menschen Sie erreichen, hängt von der Auflagenhöhe ab.
- Mit Radiowerbung erreichen Sie je nach Sender sehr viele Menschen. Die Gültigkeit ist aber noch kürzer als bei der Tageszeitung.
- Im Fernsehen und in Zeitschriften wirken die damit verbundenen Bilder und spannende Geschichten, die Sie erzählen können.
- Plakate müssen im Vorbeigehen oder Vorbeifahren gesehen werden. Deshalb sollte die Aussage auf einem Plakat kurz, prägnant und vor allem ausreichend groß sein. Plakate wirken über Wochen und Monate und sollten deshalb an einer gut frequentierten Stelle angebracht sein.
- Mit Direktmails können Sie sehr spezifisch Ihre Kunden ansprechen. Aber nur, wenn diese der Werbung vorher zugestimmt haben.
- Versuchen Sie auch, so viel kostenfreie PR wie möglich zu bekommen. Das können Pressemitteilungen, von Ihnen verfasste Fachartikel oder Ihr besonderes Umweltengagement sein, welches an verschiedenen Stellen kommuniziert werden kann.
- Gerade für kleine Unternehmen rechnen sich auch Kooperationen in der Werbung. Allerdings sollten dabei alle Beteiligten zu den Gewinnern gehören. Prüfen Sie das mit entsprechenden Messungen und Kontrollen nach.
- Treten Sie in den Social Media-Netzwerken wie Facebook, Twitter usw. in Kontakt. Dort ist Werbung eher unangebracht, aber nützliche Tipps sind sehr gefragt.
- Nutzen Sie Ihre Homepage und den dort entstehenden Traffic darauf.

2. Sie brauchen mehr Umsatz:

Machen Sie möglichst viele Ihrer Besucher zu Kunden! Wissen Sie, wie viele es heute noch nicht sind?

- Dafür bieten sich vor allem im Geschäft Informationsflyer oder kleine Broschüren an. Sie sind informativ und kostengünstig, da sie nicht draußen verteilt werden müssen.
- Sie können im Geschäft verschiedene Aktionen durchführen und damit für die Kunden immer wieder interessant, abwechslungsreich und spannend werden.
- Sie können über Ihre Homepage ebenfalls Aktionen oder Gewinnspiele anbieten, über die Sie online den Umsatz erhöhen können.
- Und Sie können über Apps, E-Mail und SMS sowohl den Umsatz als auch die Frequenz erhöhen.
- Alle Maßnahmen, die zur Frequenzerhöhung beitragen, tragen natürlich auch zur Erhöhung des Umsatzes bei.

Die Werbebotschaft

Was und wie auch immer Sie (be-)werben, seien Sie vor allem einzigartig. Welchen einzigartigen Verkaufsvorteil können Sie bieten, welchen einzigartigen Nutzen für die Kunden? Treten Sie den Beweis dafür an und sorgen Sie für die notwendige Emotionalität, Atmosphäre und Stimmung in Ihrer Werbung.

Der Werbeprozess

- Bestimmen Sie zunächst Ihre Werbeziele anhand des Marketingplans.
- Legen Sie fest, was Sie bewerben wollen: Ihr Geschäft, Ihre Waren oder den Service.
- Entscheiden Sie, welche Zielgruppe mit Ihrer Werbung angesprochen werden soll.
- Definieren Sie nun, mit welchen Werbemitteln Sie in die Werbung gehen wollen.
- Legen Sie Zeit und Ort für die Werbung fest.
- Führen Sie die Werbung entweder allein oder gemeinsam mit Anderen durch.
- Machen Sie eine Erfolgsauswertung: Prüfen Sie, ob Ihre Werbung sowohl qualitativ als auch quantitativ Ihren Erwartungen entsprochen hat.
- Ziehen Sie das Fazit im positiven wie im negativen Sinne, um für die nächste Kampagne daraus zu lernen.

Fazit

Werbung wirkt, wenn Sie nicht ins Blaue schießen, sondern ganz gezielt festlegen, wen Sie womit erreichen wollen. Werbung wirkt, wenn Sie das richtige Medium für diese Zielgruppe auswählen. Und Werbung wirkt, wenn sie für diese Zielgruppe spannend und anders ist als die übrige Werbung.

61 Marketing für Unternehmen mit kleinem Geldbeutel

Viele Handelsunternehmen sind nicht am Markt sichtbar, weil sie kein Geld für Marketing zur Verfügung haben, oder sie verschießen zu viel Geld in schlecht durchdachte Marketingaktionen. Marketing ist nicht nur die Werbung, die Sie schalten, die Kundenkarte, die Sie ausgeben oder das Namensschild, das Sie bei Veranstaltungen tragen. Marketing betreiben Sie mit jedem Kontakt, den Ihr Unternehmen, egal in welcher Form, mit der Außenwelt hat. Dazu gehören Ihre Signatur in E-Mails, Internetforen, in denen Sie sich äußern, die Begrüßung und Verabschiedung Ihrer Kunden im Geschäft, Kooperationen, die Sie eingehen, Ihr Kundenservice, Ihr Slogan, Ihr Interesse an den Mitmenschen und viele, viele andere Sachen mehr. Daraus wird ersichtlich, dass Marketing keineswegs immer etwas mit viel Geld zu tun haben muss. Eher mit Ideen, Kreativität und vor allem Auffälligkeit! Haben Sie schon einmal darüber nachgedacht, die Rückseite Ihrer Visitenkarte als kleinen Werbeflyer zu benutzen?

Was ist heute gute Werbung?

Gute Werbung stellt nicht nur die Vorzüge Ihrer Produkte heraus. Sondern vor allen Dingen die Unterscheidungsmerkmale zu ähnlichen Produkten aus Sicht der Kunden. Marketingmethoden gibt es viele. Ist nur wenig Geld vorhanden, müssen Sie allerdings sehr viel genauer die für Sie Passende auswählen. Deshalb stellen Sie sich immer folgende Fragen:

- Erreicht die gewählte Methode tatsächlich die Menschen meiner Zielgruppe?
- Wie groß ist die Reichweite der gewählten Methode und kann sie mit einer anderen kombiniert werden?
- Ist sie für mich bezahlbar?

Doch auch, wenn eine Methode im ersten Moment als zu teuer erscheint, sollten Sie darüber nachdenken, ob Sie möglicherweise Teile einer sonst üblichen Komplettleistung selbst übernehmen können. In einem der Unternehmen, in denen ich gearbeitet habe, wollten wir einmal einen Werbespot im Radio (ein kleiner lokaler Sender) schalten. Das Gesamtpaket war viel zu teuer für unseren Geldbeutel. Also gingen wir mit dem Sender ins Gespräch. Am Ende übernahmen wir einen Teil der „Produktionskosten" selbst, in dem wir die Stimme (Sprecherin) und den Text lieferten. So wurde die Aktion für unseren Geldbeutel finanzierbar.

Die Möglichkeiten für Marketingmaßnahmen sind heute fast unbegrenzt

Manche Medien lassen sich aber auch auf Tauschgeschäfte ein. Überlegen Sie, was Sie selbst oder Menschen aus Ihrem Umfeld für so ein Tauschgeschäft einbringen könnten.

Eine andere Variante sind Kooperationen. Welche größeren kapitalkräftigen Unternehmen passen zu den Produkten, die Sie in Ihrem Geschäft verkaufen? Möglicherweise ist diese Firma daran interessiert, es sich etwas kosten zu lassen, wenn sie in Ihrer Werbung mit erwähnt wird. Hat diese Firma zudem ein gutes Image, verbessern Sie gleichzeitig auch Ihre Glaubwürdigkeit. Vielleicht möchte sich diese Firma aber auch mit einer eigenen Maßnahme in Ihrem Geschäft an einer Ihrer Aktionen beteiligen? Wir haben einmal eine Aktion mit Lampen in unserem Geschäft durchgeführt. Allerdings hatten wir, wie so oft, kein Geld, um diese Aktion irgendwie in den Medien zu bewerben. Aber wir hatten ausreichend Parkfläche vor der Tür. So fragten wir die umliegenden Autohäuser an, ob sie nicht Lust hätten, auf unserem Parkplatz Scheinwerfereinstellungen an den Autos der Kunden vorzunehmen. Ein Autohaus erklärte sich bereit, diese Aktion bei uns durchzuführen. Natürlich bewarben sie diese Aktion und damit gleichzeitig unser Geschäft. Der Tag war für beide Seiten ein Erfolg. Was hatten wir gemacht? Zum einen haben wir überlegt, wer mit Licht in der Weise zu tun haben könnte, dass auch unsere Kunden einen Nutzen davon haben würden und natürlich auch der Anbieter. Außerdem überlegten wir, was wir dem Anbieter bieten können, damit sein Interesse geweckt würde, an unserer Aktion teilzunehmen. Es gibt viele Möglichkeiten, Synergien zu schaffen. Erkundigen Sie sich nach den Spielregeln der für Sie interessanten Firmen und machen Sie ein Angebot, wovon auch diese Firma einen Nutzen hat. Geht der Plan auf, können Sie Ihre eigenen Werbeausgaben um einige Euro reduzieren. Bauen Sie also strategische Netzwerke auf. Außergewöhnliche Partner, die die gleiche Zielgruppe haben und tun Sie das entlang Ihrer gesamten Wertschöpfungskette.

Denken Sie auch über Gutscheine, Coupons und Kundenkarten nach. Dauerhafte Preissenkungen für alle Kunden senken auf Dauer auch Ihren Durchschnittsbon. Über Gutscheine und Kundenkarten gewähren Sie nur bestimmten Kunden diesen Nachlass, die zudem auch noch extra in Ihr Geschäft kommen müssen.

Guerillamarketing at its best: Von Ikea neu gestaltete Bushaltestelle in New York, 2006.
Quelle: guerillamarketing.com

Onlinemarketing

Das Internet ist ebenfalls eine reichhaltige Fundgrube für kreative Marketingköpfe mit geringem Budget. Denken Sie an die Reichweite. Sie sind auf dem Bildschirm von Millionen von Menschen. Immer mehr Kunden gehen zuerst Online, wenn sie sich Offline ein Produkt kaufen möchten. Jeden Monat steigen weltweit die Zahlen der Internetnutzer. Nutzen Sie internetbasierte Netzwerke für Ihr Marketing. Verlinken Sie sich mit anderen Kooperationspartnern. Tragen Sie Ihre Firma in Online-Fachverzeichnissen ein. In E-Bay können Sie zusätzlich einen eigenen Shop eröffnen oder Powerseller werden. Nutzen Sie Google-Adwords für Ihre Onlinewerbung, engagieren Sie sich dafür, dass Sie und Ihr Geschäft im Internet empfohlen werden (Empfehlungsmarketing = Affiliatemarketing) und eine positive Mund-zu-Mund-Propaganda gemacht wird. Verschicken Sie monatlich einen Newsletter oder Angebotsmailings an interessierte Kunden, und vor allen Dingen: Gehen Sie mit einer eigenen Webseite online!

Bloggen ist ebenfalls eine gute Marketingidee. Sie machen nicht nur auf sich aufmerksam, sondern können extrem schnell auf Anregungen und Kritik Ihrer Kunden reagieren. Haben Sie Mut und lassen Sie die Kunden zu Ihren Waren und Dienstleistungen auf Ihrer Webseite zu Wort kommen. Auch das erhöht stark Ihre Glaubwürdigkeit und Ihre Kompetenz.

Twittern Sie schon regelmäßig, haben eine Fanseite auf Facebook? Haben Sie schon daran gedacht, eine eigene App zu entwickeln, die sich Ihre Kunden auf ihr Handy holen können?

Gerade, wenn nur ein kleines Budget vorhanden ist, sollten Sie auf mehreren Kanälen am lokalen Markt und in der Onlinewelt zu finden sein. Nur lokal zu agieren, reicht heute nicht mehr aus, um längere Zeit am Markt bestehen bleiben zu können.

Fazit

Heute wie ein großer Fisch am Markt zu agieren, ist auch kleinen Firmen mit kleinem Geldbeutel möglich. Vor allem online sind die Möglichkeiten schier unbegrenzt. Es bedarf allerdings Ihrer Kreativität und einiges an investierter Zeit. Dann ist Marketing auch für den kleinen Geldbeutel möglich.

62 Wie Sie die richtige Sortimentsauswahl für Ihren Markt treffen

Die Bedürfnisse der Kunden wechseln ständig. Nicht selten innerhalb eines Tages. Mal benötigt er eine Jacke, weil es draußen kalt geworden ist, mal, weil sie sich so gut zu anderen Sachen kombinieren lässt. Und dennoch verlangt der Markt nach immer mehr Spezialisten. Das können Sie unschwer an der wachsenden Zahl der „Ein-Marken-Geschäfte" erkennen.

Fragen, die Sie vor Ihrer Sortimentsauswahl klären müssen:

- Welche Kundengruppe möchte ich mit meiner Ware erreichen?
- Welches sind die größten Probleme, die ich für die Kunden mit meiner Ware lösen könnte?
- Welche Informationen muss ich sammeln, um die Probleme der Kunden nicht nur nachvollziehen, sondern auch lösen zu können?
- Auf welche Weise löst meine Ware ein Kundenproblem?
- Welchen emotionalen Nutzen bringt meine Ware dem Kunden zusätzlich?
- Welche Hersteller stellen bereits Waren her, die den Bedürfnissen meiner Kunden entsprechen?
- Müssen neue Hersteller für die Produktion gewonnen werden?
- Welches ist der kostengünstigste Weg der Warenanlieferung? Sind Kooperationen mit anderen Händlern möglich?

Wenn Sie diese Fragen beantworten können, haben Sie schon einen großen Teil der Sortimentsfrage in Ihrem Geschäft gelöst. Versuchen Sie, Ihr Angebot aus der Perspektive des Kunden zu betrachten. Wer ist er, was braucht er und welche Produkte stehen mit meinem Grundsortiment zur Lösung seiner Probleme in logischem Zusammenhang? Ihr Sortiment und Ihre Serviceleistungen sollten also die Kernaussage dessen, wofür Sie stehen, unterstützen.

Sortimentskompetenz versus Einkaufserlebnis

Bedeutet dies nun aber Sortimentskompetenz versus Einkaufserlebnis? Ich denke, nein und möchte dazu ein Beispiel anführen.

Sie wollen beispielsweise dekorative Kosmetik anbieten. Obwohl auch immer mehr Männer zu dekorativer Kosmetik greifen, sind Ihre Kunden in erster Linie Frauen jeden Alters.

Diese möchten sich optisch verschönern, Narben oder unschöne Haustellen verdecken, die Augen sollen größer, der Mund praller werden. Vermuten Sie. Ganz genau wissen Sie es erst, wenn Sie Menschen, die dekorative Kosmetik benutzen, danach gefragt haben. Erst, wenn Sie deren Wünsche kennen, werden Sie das passende Sortiment zur Erfüllung ihrer Bedürfnisse einkaufen können. Erst dann werden Sie sowohl über die Warenlegung als auch mögliche Serviceleistungen entscheiden können. Vielleicht will ja der Kunde oder die Kundin die Ware gar nicht nach Hersteller oder Marke sortiert im Geschäft vorfinden? Vielleicht lieber nach Hauttyp und Haarfarbe sortiert?

Über viele Jahre war es üblich, dass sich der Einzelhandel branchenmäßig strukturierte. Vielerorts ist das auch noch heute so. Doch im Hinblick auf die Bedürfnisbefriedigung der Kunden greift diese Strukturierung längst zu kurz. Für den Möbeleinzelhandel bedeutet dies, dass die Kunden zu ihrem neuen Tisch auch gleich die passende Vase mit ein paar frischen Blumen kaufen möchten, oder die zu den anderen Möbelstücken passende Lasur. Von manchen Wünschen oder Bedürfnissen wissen die Kunden selbst aber auch noch nichts, weil es keine Lösungsangebote gibt. Oder hätten Sie vor Facebook den Wunsch nach einem solchen Netzwerk äußern können? Bieten Sie Lösungen, bevor die Kunden den Wunsch danach äußern.

Oder bezogen auf mein obiges Beispiel: Wie schön ist es, wenn der Handel den Frauen nicht den meistverkauften Duft empfiehlt (dann stehen nämlich die Chancen gut, dass wir wie die Frau neben uns duften), sondern einen Duft, welcher zu diesen Farben, jenem Hauttyp und jener Jahres- oder Tageszeit passt!

Wie Sie auf das Sortiment aufmerksam machen

Jeder Händler hat in der Regel ein breites und/oder tiefes Angebotsspektrum in seinem Geschäft und möchte am liebsten mit jedem Artikel auf sich aufmerksam machen. Wechseln Sie jetzt die Perspektive und schauen Sie sich aus Kundensicht einmal die vielen Anzeigenblätter an. Nicht nur, dass wir damit vollkommen überhäuft werden. Diese Vielfalt, ihre Ähnlichkeit und diese Informationsflut nervt immer mehr Menschen. Sie anzusehen und die Produkte miteinander vergleichen zu wollen, kostet inzwischen immens viel Zeit. Zeit, die die Wenigsten aufbringen wollen oder können. In der Folge wird nur noch mit „einem Ohr" hingehört, Werbeblätter werden lustlos überflogen und Infobriefe fliegen ungeöffnet in den Müll. Der Grund? Die Absender und Verantwortlichen für diese Werbung wollten alles mit allem und schrammten dabei gründlich an den wirklichen Bedarfen ihrer Kunden vorbei. Deshalb haben Sie besser mit Ihrem Sortiment in der Werbung den Mut zur Lücke.

Die Herausforderung besteht nämlich darin, sowohl mit dem Sortiment an sich als auch mit der dazugehörigen Werbung jeweils unterschiedlichen Gruppen Ihrer Kunden ein klares und nachvollziehbares Bild entsprechend ihrer Bedürfnisse zu bieten. Mit anderen Worten: Greifen Sie thematisch ein Angebot heraus, welches Sie fokussieren und überlassen Sie es Ihren Kunden, auf Ihr gesamtes Angebot zu schließen.

Gehen Sie immer wieder auf typische Kundenprobleme im Rahmen Ihres Sortimentes ein und bieten dann das „Rundum-Sorglos-Paket" als Lösung. Das ist für die Kunden um ein Vielfaches interessanter, als eine ellenlange und langweilige Auflistung all Ihrer Produkte.

Fleischtheke, angepasst an die Kundenbedürfnisse nach Frische und Gesundheit mit entsprechenden Empfehlungen für die Kunden.
Quelle: Aichinger GmbH

Fazit

Die Sortimentsauswahl eines Handelsunternehmens ist ein entscheidendes Kriterium dafür, ob das Marketing später in der Zielgruppe punktet oder nicht. Kunden kaufen heute nur noch Dinge, mit denen sie irgendein für sie wichtiges Problem lösen können. Werden Sie Weltmeister im Erkennen von Bedarfen und Finden von Lösungen!

63 Was Social Media-Marketing im Handel bewirken kann

Facebook, Twitter, XING, Wer-weiß-was, LinkedIn, Mister Wong, Wikipedia, YouTube usw. – jeder von Ihnen kennt mindestens eine dieser Plattformen vom Hörensagen. Nehmen Sie auch aktiv daran teil? Oder gehören Sie zu denjenigen, die für so etwas keine Zeit haben, Gefahren in der Nutzung sehen oder einfach sagen: In diesen Netzwerken sind meine Kunden nicht?

Was ist Social Media

Was ist „Social Media", über dessen Für und Wider so trefflich diskutiert wird? Social Media ist im Grunde nichts anderes als direkter Meinungs- und Erfahrungsaustausch mit Einzelnen oder in der Gruppe und das Sammeln von Wissen. Das Besondere daran: Private und geschäftliche Interessen vermischen sich hier. Nutzen Unternehmen die Social Media-Plattformen, so wird daraus das Social Media Marketing. Das Ziel besteht vor allem darin, ihren Bekanntheitsgrad zu erhöhen, ihr Image zu verbessern, neue Kunden zu finden und Stammkunden fester an sich zu binden. Verständlich, dass gerade durch die Vermischung bei dem einen oder anderen Unsicherheiten aufkommen. Klar auch, dass diese Medien, sollen sie wirkungsvoll sein, gepflegt werden müssen. Pflege bedeutet, dass sie den Usern möglichst zeitnah Rede und Antwort stehen müssen. Anders als beim herkömmlichen Marketing lebt das soziale Netzwerk davon, dass die Handelsunternehmen sich mit den Usern in einem Dialog austauschen. Vorbei sind die Zeiten, wo Unternehmen nur in eine Richtung, nämlich zum Kunden, kommuniziert haben.

Social Media Marketing bietet, richtig angewandt, jede Menge Chancen. Falsch angewandt allerdings auch ein paar Risiken.

Wie Sie starten können

Starten Sie damit, zunächst in einschlägigen Suchmaschinen nach dem Namen Ihrer Firma, Ihren Produkten und Serviceleistungen, aber auch nach Ihrem eigenen Namen oder den Namen wichtiger Mitarbeiter zu suchen. Suchen Sie dabei vor allem auf Portalen für Produkt- und Händlerbewertungen. Auf diese Art bekommen Sie sehr schnell heraus, ob und was auf den Social Media Plattformen über Ihr Unternehmen, Ihre Produkte und Ihre Mitarbeiter offiziell gesagt wird. Selbst, wenn Sie bisher noch nicht auf diesen Plattformen aktiv sind, heißt das noch lange nicht, dass es Ihre Kunden oder Mitarbeiter nicht bereits sind und sich munter über Ihr Unternehmen austauschen. Werden Themen Ihres geschäftlichen Umfeldes bereits diskutiert, müssen Sie die Entscheidung treffen, aktiv einzugreifen oder weiterhin passiv die Themen zu verfolgen. Machen Sie das in erster Linie davon abhängig, ob Sie kritisch oder positiv erwähnt werden, ob Sie die Themen durch Ihr Eingreifen positiv beeinflussen können und ob Sie durch Ihr Eingreifen möglicherweise sogar neue Kunden gewinnen können.

Wird noch nicht über Ihr Unternehmen oder Ihre Produkte im Netz gesprochen, haben Sie die Möglichkeit, aktiv eine eigene Diskussionsrunde zu starten. Das ist allemal besser, als nur zu reagieren. Für den Einstieg eignen sich sehr gut die eigene Firmenseite auf Facebook, entsprechende Gruppen auf XING oder aber das Microblogging-Netzwerk Twitter. Zeigen Sie den Nutzern Ihre Kompetenz. Twittern Sie beispielsweise regelmäßig über Ihre Produkte, Ihren Service, Trends in Ihrer Branche und liefern Sie auch kleine Tipps und Kniffe für die Leser. Vermeiden Sie es allerdings, in diesen Netzwerken nur für Ihre Produkte zu werben oder zum Kauf aufzufordern. So was kommt bei den Usern nicht gut an, sodass diese schnell einen großen Bogen um Ihre Seiten machen werden. Bieten Sie stattdessen Nutzen mit Ihren Informationen. Das erhöht nicht nur Ihr Image, sondern auch die Wahrscheinlichkeit der Umsatzsteigerung in Ihrem eigentlichen Geschäft.

Hier und da eine kritische Stimme wird sich in den Dialogen nicht vollkommen vermeiden lassen. Nutzen Sie diese zu einem konstruktiven Gespräch, ähnlich wie bei Kundenbeschwerden im stationären Geschäft. Kritische Stimmen sollten Sie als Chance und Möglichkeit sehen, Ihre Produkte und Serviceleistungen zu verbessern. Nirgendwo bekommen Sie schneller ein offeneres und ehrlicheres Feedback.

Vereinbaren Sie die Spielregeln

An noch etwas müssen Sie in diesem Zusammenhang denken. Die Social Media-Plattformen sind zu einem Teil unseres Lebens geworden. Sie können für sich als Person die Entscheidung treffen, sich daran zu beteiligen oder nicht. Sie können es auch für Ihr Unternehmen entscheiden. Nur für Ihre Mitarbeiter als Privatpersonen können Sie nicht entscheiden. Dennoch repräsentieren Ihre Mitarbeiter mit ihrem Auftreten in sozialen Netzwerken auch Ihr Unternehmen. Sie tragen somit, gewollt oder ungewollt, zur öffentlichen Meinungsbildung über Ihr Unternehmen bei. Aus diesem Grund empfehle ich jedem Händler, der Mitarbeiter beschäftigt, die Verhaltensregeln in sozialen Netzwerken sein Unternehmen betreffend mit den Mitarbeitern schriftlich zu vereinbaren. Nicht jedem Mitarbeiter sind die Konsequenzen und die Tragweite seines Handelns und seiner Veröffentlichungen im Internet bewusst. Es geht um Ihre Betriebsgeheimnisse, um Authentizität, um Sprache und Ton, es geht um Höflichkeit und Verantwortlichkeit, aber es geht nicht um Zensur. Mit gemeinsam vereinbarten Verhaltensregeln (Nettiquette im Netz) machen Sie die Mitarbeiter zu Botschaftern Ihres Unternehmens.

Ein Satz zu den Nachteilen

Wer erwartet, sein heutiges Engagement in sozialen Netzwerken macht sich morgen durch mehr Kunden und mehr Umsatz bezahlt, wird enttäuscht werden. Es braucht seine Zeit, bis ein Händler, sein Unternehmen und seine Aktivitäten auf den einzelnen Plattformen und im

Netz wahrgenommen werden. Anders als mit Ihrer Webseite können Sie bei Social Media-Plattformen keine Suchmaschinenoptimierung mit entsprechenden Keywords durchführen. Versuchen Sie also, Interaktionsmöglichkeiten zwischen Ihrer Webseite und Ihren Auftritten in Social Media-Plattformen zu schaffen.

Fast jede Plattform bietet den Nutzern Statistiken an, denen Sie entnehmen können, mit welchen Informationen, Bildern, Meinungen und anderen Postings Sie den höchsten Traffic erreichen können. Nutzen Sie diese Statistiken, um zielgerichteter Informationen für die User anbieten zu können. Was Ihren Usern gefällt, teilen sie auch gerne wieder mit ihren Freunden und Bekannten. Und Mund-zu-Mund-Propaganda ist bekanntlich die beste kostenfreie Werbung für ein Unternehmen.

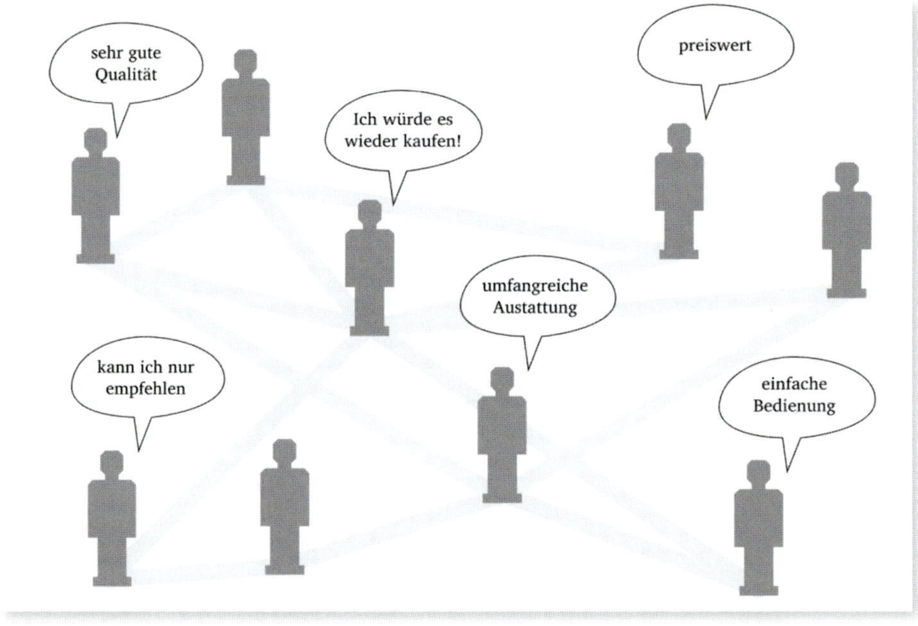

Richtig gemacht kann Social Media die schnellste und kostengünstigste Werbung für Ihr Unternehmen sein.
Quelle: fotolia

Fazit

Ein stationäres Geschäft, eine Homepage und das Engagement in sozialen Netzwerken sind drei unterschiedliche Autobahnen zum Erfolg Ihres Handelsunternehmens. Betrachten Sie sie nicht losgelöst voneinander, sondern versuchen Sie, die drei Autobahnen miteinander zu verbinden, sodass sie sich ergänzen. Das ist derzeit die optimale Möglichkeit, Ihrem Marketing Beine zu machen und es voranzutreiben.

64 Was es mit dem Neuromarketing auf sich hat

Das klassische Marketing basiert auf rein betriebswirtschaftlichen Fakten. Es vernachlässigt Gefühle und Emotionen der Konsumenten. Aber Gefühle sind für die Menschen nicht nur überlebenswichtig, unser gesamtes Tun und Handeln hängt zu einem sehr hohen Prozentsatz von unseren Erfahrungen und im Zusammenhang damit von unseren Gefühlen ab.

Was ist Neuromarketing?

Das Neuromarketing nimmt sich dieser Tatsache an und versucht, auf wissenschaftlicher Basis das Kaufverhalten der Konsumenten zu ergründen. Von den Wissenschaftlern wird versucht, mittels funktioneller Magnetresonanztomografie (fMRT) herauszufinden, was die Menschen mögen, wovon sie träumen, aber vor allem, welche Bedürfnisse sie wirklich haben. Die MRT ist ein bildgebendes Verfahren, welches sich den Blutstrom im Gehirn zu eigen macht, um Aktivitäten von Neuronenverbänden lokalisierbar zu machen. Sprich neuronale Reaktionen auf Marketing- oder Produktreize. Stark vereinfacht ausgedrückt: Springt unser Belohnungszentrum in Verbindung mit Erinnerung und Gefühl im Gehirn an, sind wir eher bereit zu kaufen. Dieses Wissen wird bereits immer häufiger in Marketingkonzepten des Einzelhandels berücksichtigt. In einem sind sich aber sowohl die Kritiker als auch die Befürworter des Neuromarketings momentan einig: Den sogenannten „Kaufknopf" beim Menschen werden Sie mit Neuromarketing nicht finden. Und das ist auch gut so.

Was also vermag Neuromarketing und weshalb stürzen sich die großen Konzerne darauf?

Es ist bekannt, dass Kunden bei Befragungen immer irgendwie beeinflusst sind. Durch das Umfeld, durch die Interviewer, durch die Fragen selbst, ihre Tagesform und vieles andere mehr. Dazu kommt die altbekannte Weisheit, „Was A sagt, muss B noch lange nicht so verstehen". Die alltäglichen Missverständnisse der Kommunikation. Was aber tatsächlich nicht bestritten wird, ist, dass wir keineswegs rational sind in unseren Entscheidungen. Angeblich, so sollen Forschungen belegt haben, kaufen wir zwischen 80 % und 90 % unserer Waren „unbewusst" ein. Sozusagen via Autopilot.

Also wird von immer mehr Vermarktern versucht, mittels Messung der Gehirnströme zu eruieren, wie wir auf Werbung oder Marken, bestimmte Produkte oder deren Formen reagieren. Im Klartext geht es um die Analyse unserer Überzeugungen und Emotionen. Oder wussten Sie, dass Autos, die in ihrer Frontpartie eher dem Gesicht einer schönen Frau ähneln, besser im Gehirn von Männern ankommen?

Und tatsächlich ist es keinem Einzelhändler mehr neu, dass die Konsumenten bei so viel auf sie einprasselnder Werbung nur noch über ihre Bedürfnisse und Emotionen zum Kauf animiert werden können. Marken oder Produkte funktionieren schlicht nicht mehr ohne Emotionalisierung. Dazu sind sie sich viel zu ähnlich und viel zu vergleichbar geworden.

Auch, wenn der Gesamteinzelhandelsumsatz seit Jahren rückläufig ist, so nehmen doch die privaten Verschuldungen zu. Ein Grund ist, dass wir eben nicht so einfach den Kaufanreizen widerstehen können, wie wir glauben. Unsere Entscheidungsprozesse laufen intuitiv ab.

Was bedeutet das für ein Handelsunternehmen?

Natürlich kann sich ein kleines oder mittelständisches Unternehmen keine Neurowissenschaftler für das Marketing ins Haus holen. Aber Sie können bekannte Erkenntnisse nutzen. Z. B., dass Sprache und Schrift die längste Zeit benötigen, um im Gehirn zu ankern. Viel schneller reagieren Menschen auf Symbole, Bilder und sinnliche Reize. Texten Sie noch oder malen und fotografieren Sie schon? Geräusche und Düfte sind toll für das Gehirn. Wer kennt sie nicht, die typischen Geräusche beim Öffnen einer Bier- oder Sektflasche, das typische Motorgeräusch seines Traumautos, den Duft von frischem Brot oder unserem Lieblingsduschgel? Würden wir diese Produkte kaufen ohne Geräusch oder ohne Duft?

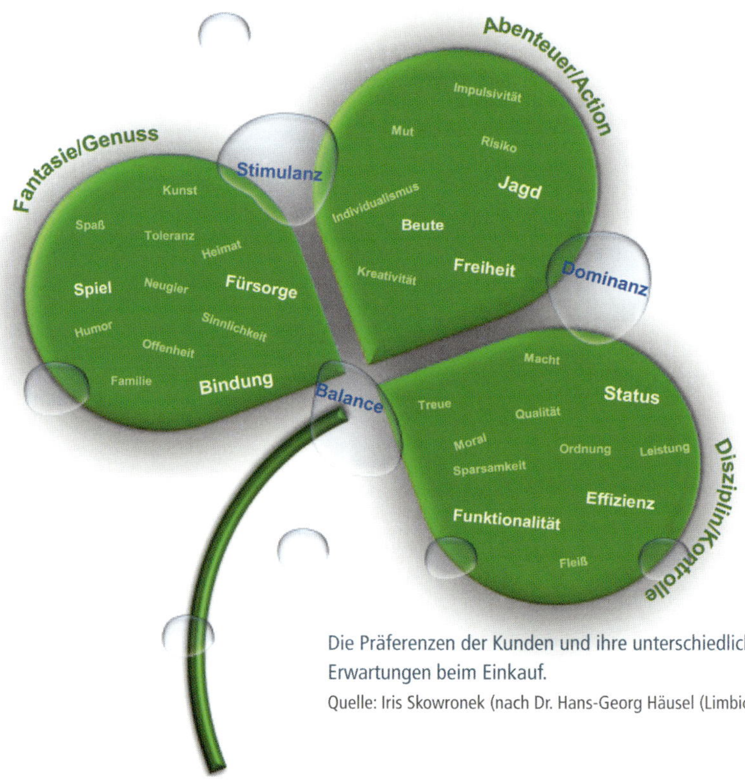

Die Präferenzen der Kunden und ihre unterschiedlichen Erwartungen beim Einkauf.
Quelle: Iris Skowronek (nach Dr. Hans-Georg Häusel (Limbic®)

Kennen Sie die Rituale oder Sammelleidenschaften Ihrer Kunden im Zusammenhang mit Ihren Produkten? Rituale und Sammelleidenschaften verkaufen sich. Weshalb isst man süßen Senf zur Weißwurst, sammelt den Inhalt von Überraschungseiern, trägt zur Jeans bevorzugt T-Shirts, geht zu einer Aprés-Ski-Party nach einem Skitag in den Bergen oder schenkt Blumen zum Geburtstag? Kreieren Sie eigene Rituale, so, wie das Midsommarfest von IKEA oder Helloween, welche inzwischen in allen Ländern gefeiert werden.

Weshalb waren nach dem schlimmen Atomunfall in Japan die Geigerzähler und Jodtabletten auch in Deutschland kurzfristig ausverkauft? Weshalb verkaufen sich Feuerlöscher für das Auto, weshalb preisen Versicherungen so gerne Kapitallebensversicherungen an, obwohl aus dem Geld am freien Kapitalmarkt viel mehr herauszuholen wäre? Weil auch das Gefühl der Angst eine kaufauslösende Kraft besitzt. Eine sehr starke sogar.

Weshalb tragen Fans bestimmter Fußballmanschaften die Farben ihrer Mannschaft? Weshalb kaufen sich Frauen die Mode ihrer Filmheldinnen von „Sex in the City"? Die Menschen fühlen sich Gruppen zugehörig und wollen dies auch nach außen symbolisieren. Sie kaufen die gleichen Marken, Symbole, Farben usw. Haben Sie eine Fangemeinschaft Ihrer Produkte? Was symbolisiert diese Gruppen, grenzt sie zu anderen ab?

Nicht zuletzt wirken natürlich auch die sogenannten Schnäppchen. Egal, ob der ursprüngliche Preis viel zu hoch angesetzt war. Jetzt ist das gute Stück im Preis gesenkt und unser Belohnungssystem kommt in Feierlaune. Völlig unreflektiert, ob dieser neue Preis nicht immer noch verdammt hoch ist? Wir sind bereit, für einen Artikel, der von 20,- € auf 10,- € gesenkt wurde, durch die halbe Stadt zu fahren, während wir an einem Artikel, der von 200,- € auf 190,- € gesenkt wurde, achtlos vorübergehen.

Fazit

Sie merken an allen angeführten Beispielen, dass das Kaufverhalten tatsächlich selten rational und logisch abläuft. Viel eher ist es geleitet von Erfahrungen, Erinnerungen, Gefühlen und Emotionen. Das Neuromarketing wird kommen. Stärker und stärker. Doch mit dem Wissen um das Kaufverhalten der Konsumenten, ihre Bedürfnisse in Richtung Status, Abwechslung, Sicherheit usw. können Sie sich auch heute schon auf die Emotionen und Gefühle Ihrer Kunden einstellen.

65 Ein Trend setzt sich durch: Marketinginstrument Pop-up-Store

Ein Pop-up-Store heißt und ist nichts anderes als ein plötzlich auftauchender Laden. Ein Trend, der vor einigen Jahren in New York begann und sich seither langsam aber kontinuierlich über die Metropolen der Welt ausbreitet. Längst ist er auch in Deutschland angekommen und wird nicht nur von Designern und Künstlern genutzt. Längst haben ihn auch große Unternehmen für ihr Marketing entdeckt.

Was steckt hinter einem Pop-up-Store

Pop-up-Stores tauchen plötzlich irgendwo auf und verschwinden genauso schnell wieder. Es geht um das Entdecken und Konsumieren. Um eine gewisse Exklusivität aufgrund der begrenzten Zeitspanne der Öffnung eines Shops. Eine Idee, die vor allem die junge Zielgruppe anspricht, immer mehr aber auch bei älteren Kunden zieht.

Viele Händler können sich die hohen Ladenmieten in 1a-Citylagen nicht leisten. Andererseits stehen diese Geschäfte aber auch eine lange Zeit leer, ehe sich ein neuer, zahlungskräftiger Mieter gefunden hat. Genau diesen Zustand machen sich Vermieter und Pop-up-Händler zu eigen. Sie mieten ein solches Geschäft für kurze Zeit an, manchmal nur für 14 Tage. Natürlich bekommen die Kunden dann dort nicht den perfekt ausgestatteten, emotionalisierten Laden zu sehen. Der Reiz eines Pop-up-Ladens liegt ja gerade in seiner kargen Ausstattung. Nur die notwendigste Ladenausstattung wie Regale, Kleiderständer, Umkleidekabinen usw. werden aufgestellt. Diese allerdings darf durchaus ausgefallen und geheimnisvoll sein oder auch trendig anmuten. Auf keinen Fall wie die Lagerverkäufe einiger Billigstanbieter. In Pop-up-Stores wird gute qualitative Ware zu normalen Preisen verkauft.

Wie Sie einen Pop-up-Store für Ihr Marketing nutzen können

Manchmal ist es einfach nur ein Rechenexempel. Ihr Laden befindet sich nicht in optimaler Citylage oder Sie haben neue, tolle, trendige Ware eingekauft, die Sie gerne an die Kunden bringen möchten. Nun überlegen viele Händler in dieser Situation, wie sie ihr Marketing und ihre Werbung gestalten können, um möglichst viele Besucher in das Geschäft zu locken. Das ist im Allgemeinen nicht besonders preiswert, da auch Werbeanzeigen, Plakate, Flugblätter usw. gestaltet und geschaltet werden müssen.

Was aber kostet ein kurzzeitiges Einmieten in ein Geschäft in absoluter 1a-Citylage? Schauen Sie sich um. In fast jeder Stadt gibt es sie. Sprechen Sie mit den Vermietern. Erklären Sie Ihnen den Nutzen, den auch sie durch die zusätzliche Geldeinnahmequelle haben. Aber vor allem machen Sie eine Gegenrechnung zu Ihren Werbeausgaben auf!

Welche Vorteile ein Pop-up-Store bietet:

- Nutzung der hohen Frequenz von guten Lagen
- Massive Bekanntheitsgradsteigerung der eigenen Marke
- Verbesserung des eigenen Images
- Steigende Umsätze und Verbesserung der Kundenzufriedenheit
- Rekordabverkaufszeit der Ware, da Kunden über die begrenzte Öffnung informiert sind
- Promotionsverkauf neu ins Sortiment aufgenommener Produkte
- Möglichkeit, einmalige, limitierte Ware zu verkaufen
- Mitnehmen kurzfristiger Trends
- Testen eines neuen Ladenkonzepts
- Zweiter Verkaufspunkt zu der Zeit des Jahres, in der Sie den meisten Umsatz machen (z. B. mehr Pop-up-Spielwarengeschäfte in der Vorweihnachtszeit)
- Eine weitere Verkaufsstelle zu Messezeiten oder anderen Ereignissen, an denen mit einem hohen Kundenaufkommen gerechnet werden kann

Mieten Sie mit anderen Händlern gemeinsam

Sehr interessant ist auch eine Variante, bei der Sie mit anderen Händlern, die Ihr Sortiment oder Ihren Service ergänzen, gemeinsam für kurze Zeit ein Geschäft anmieten.

Pop-up-Store: Gewinn auch für andere Locations

Wenn Sie über die temporäre Anmietung eines Pop-up-Ladens nachdenken, überlegen Sie auch, welche Einrichtungen für Ihre Ware noch in Betracht kommen könnten. Muss es gleich ein ganzes Geschäft sein? Was ist mit der kurzfristigen Anmietung einer kleinen Fläche in bestehenden Läden oder Dienstleistungsbetrieben mit viel Frequenz? Wie wäre es mit Jeans in einem Produktionsbetrieb? Waschmittel in einem Waschsalon oder coolen Brotaufstrichen in einem Restaurant? In allen Situationen ergibt sich eine Win-Win-Situation für beide Seiten. Na, sprießen die Ideen schon?

Online- versus Offline-Retail

Auch für Einzelhändler, die bisher nur online mit einem Shop präsent sind, bietet ein Pop-up-Store neue Möglichkeiten, um auf das eigene Geschäft offline aufmerksam zu machen. Wie wäre es denn mal mit einem kurzzeitigen Geschäft mitten in Berlin, München oder Hamburg? Passt die Ware zu den Städten, kann das eine interessante Möglichkeit sein, Image und Bekanntheitsgrad zu verbessern.

Mit einem Pop-up-Store können Sie durch die zeitliche Begrenzung des Stores eine hohe Nachfrage erzeugen.
Quelle: Set

Fazit

Die Kommunikations- und Marketingwelt des Einzelhandels wird sich mehr und mehr wandeln. Wer kreativ ist und sich mit den neuen Megatrends am Markt befasst, wird auch zukünftig mehr Chancen haben, auf längere Sicht zu überleben.

Pop-up-Stores sind nur ein Trend von derzeit sehr vielen am Marketinghimmel. Aber es ist ein Trend, den clevere Einzelhändler geschickt für sich nutzen können. Überraschen und begeistern auch Sie Ihre Kunden, indem Sie zur richtigen Zeit am richtigen Ort plötzlich auftauchen.

RUND UM DIE KUNDEN UND DEN KUNDENSERVICE

Quelle: alnatura

66 Weshalb Kunden kaufen

Kein Mensch, also auch kein Konsument, tut irgendetwas ohne Grund. Wenn Menschen einkaufen, haben sie dafür ein Motiv. Auch wenn sie nichts kaufen, haben sie dafür einen Grund. Kunden machen Versorgungs- oder Bedarfseinkäufe, weil sie ihre Grundbedürfnisse wie Hunger und Durst stillen möchten. Kunden kaufen keine Produkte. Sie kaufen die Sehnsucht nach bestimmten Gefühlen. Erfüllt das Produkt einen bestimmten Nutzen, erfüllen sie sich damit ein Bedürfnis oder eine Sehnsucht. Verkaufen Sie also keine Produkte. Verkaufen Sie Schönheit, Gesundheit, gepflegte Möbel, saube Wäsche und jede Menge anderer guter Gründe für Ihre Produkte. Der psychologische Antrieb spielt demnach eine ganz entscheidende Rolle, wenn es darum geht, für welche Ware sich die Kunden beim Kauf entscheiden. Kennen Sie die Motive Ihrer Kunden, können Sie auch Ihren Verkaufserfolg besser steuern.

Welche Motive haben Konsumenten, die eine Ware oder Leistung oder besser deren Nutzen kaufen?

In allen drei Lebensphasen, in denen sich die Kunden im Laufe ihres Lebens befinden (ob sie das Leben planen, gestalten oder genießen), haben sie immer dieselben Motive, weshalb sie Produkte und Leistungen kaufen oder nicht kaufen. Dr. Hans-Georg Häusel hat das in seinem Buch „Brain View“ in etwa so beschrieben:

1. Das Streben nach Sicherheit

Das Kaufmotiv „Sicherheit“ beinhaltet den Wunsch nach Planung, Steuerung und Kontrolle. Gefahren sollen vermieden, Risiken möglichst ausgeschlossen werden. TÜV geprüft?

Diese Kunden sind vor allem an Themen wie Garantiezeit, Erfahrungswerte, gutem Kundendienst, Qualität, Referenzen, Einhaltung von allen Sicherheitsnormen und Vorschriften und Ähnliches die Produkte betreffend, interessiert.

2. Das Streben nach Geld und Wirtschaftlichkeit

Das Kaufmotiv „Geld“ beinhaltet den Wunsch, in jeder Form entweder Geld zu verdienen oder Geld zu sparen.

Diese Kunden möchten alles über die Wirtschaftlichkeit der Produkte wissen. Gibt es Sonderkonditionen, wo kann gespart werden, wie sind die Kosten im Vergleich zum Nutzen? Diese Kunden feilschen um jeden Cent, den sie sparen oder verdienen können. Lieben Vorteilspackungen.

3. Das Streben nach Status und Ansehen

Das Kaufmotiv „Status" beinhaltet den Wunsch, sich darstellen zu können. Die sogenannten Profilneurotiker. Die anderen Menschen sollen ihn bewundern. Sie mögen Luxus, Einfluss, Geltung.

Diese Kunden möchten Statussymbole kaufen. Wollen die neueste Technik, das größte Auto, elitären Clubs angehören, jünger aussehen und sportlicher wirken, als andere Menschen. Diese Kunden wollen die Besten, die Schönsten und die Größten sein.

4. Das Streben nach Abwechslung und Neuem

Das Kaufmotiv „Abwechslung" beinhaltet den Wunsch nach Abwechslung, Abenteuer, Spaß.

Diese Kunden machen alle neuen Trends mit, sind an technischen Finessen interessiert, risikofreudig, bevorzugen den Abenteuerurlaub, lieben das Andersartigsein, sind begeistert von innovativen Produkten und probieren gerne neue Sachen aus.

5. Das Streben nach Gesundheit und langem Leben

Das Kaufmotiv „Gesundheit" beinhaltet den Wunsch nach Umweltbewusstsein, ökologischer Verwertung, natürlichen Rohstoffen, Krankheits- und Unfallvermeidung.

Diese Kunden bevorzugen regionale Produkte, biologische Lebensmittel, ökologischen Strom, wiederverwertbare Materialien, geringe Schadstoffbelastungen und haben ein sehr ausgeprägtes Bedürfnis nach Gesundheitsprodukten, Naturheilprodukten und Fitnessartikeln.

6. Das Streben nach sozialen Kontakten und sozialem Engagement

Das Kaufmotiv „Soziales" beinhaltet den Wunsch, mit anderen Menschen in Kontakt zu kommen, anderen helfen zu wollen.

Diese Kunden bevorzugen Möglichkeiten, Rückmeldung geben zu können, möchten gerne schenken, schätzen leichte Handhabbarkeit der Produkte, Entlastung und Verbesserung vor allem für andere.

7. Das Streben nach Komfort und Bequemlichkeit

Das Kaufmotiv „Komfort" beinhaltet den Wunsch nach Fertigem, Rund-um-Service, alles aus einer Hand bekommen zu können und keine Anstrengungen für irgendetwas unternehmen zu müssen.

Diese Kunden bevorzugen alles, was unkompliziert ist und schnell geht. Sie lieben jede Art von Service, wollen keinen Aufwand haben, sich nicht anstrengen müssen und am liebsten alles von der heimischen Couch aus erledigen können. Lieben alle Sorten elektrischer Haushaltshilfen und pflegeleichte Wäsche.

Diese sieben Motive stehen allerdings höchst selten alleine. In den meisten Fällen ist eines dieser Motive beim Kunden deutlich stärker ausgeprägt als andere Motive. Bei entsprechendem Nachfragen sollte es Ihnen leichtfallen, die Motivstruktur Ihrer Kunden zu erkennen und mit entsprechenden Angeboten diese Motive zu bedienen. Üben Sie mit speziellen Fragen, die Motive der Kunden zu erforschen.

Quelle: Iris Skowronek

Fazit

Verkaufen Sie Ihren Kunden kein Schiff, verkaufen Sie ihnen die Sehnsucht nach dem Meer. Mit anderen Worten: Verkaufen Sie niemals Produkte, verkaufen Sie immer Lösungen, Nutzen, Sehnsucht. Trainieren Sie sich und die Mitarbeiter im Erkennen der Emotionssysteme. Aber vor allem überlegen Sie sich für Ihre Waren und Serviceleistungen die entsprechenden Verkaufsargumente, indem Sie Kaufmotiv, Produkt und Nutzen miteinander verbinden!

67

Was Kunden von gutem Kundenservice erwarten

In Zeiten, in denen Waren und Dienstleistungen immer ähnlicher werden, ist guter Kundenservice das letzte wirksame Mittel, um sich von den Mitbewerbern abzugrenzen. Kundenservice meint alle Maßnahmen, die Sie als Händler unternehmen, um die Kunden vor, während und nach dem Kauf zufriedenzustellen. Alle und alles, womit die Kunden im Zusammenhang mit Ihrem Unternehmen in Kontakt kommen. Sei es Ihr Briefpapier, Ihr Anrufbeantworter, Ihre Werbung, die Ordnung und Sauberkeit in Ihrem Geschäft, die Art Ihrer Reklamationsabwicklung, die Begrüßung und Verabschiedung Ihrer Kunden und vieles andere mehr.

Zeit und Zuverlässigkeit, die wichtigsten Servicefaktoren

Dazu zählt auch alles, was Sie unternehmen, um den Kunden zu helfen, Zeit einzusparen. In der heutigen Zeit reagieren Kunden immer empfindlicher auf Wartezeiten. Egal, wo und egal, wann. Hüten Sie sich vor Schildern wie „Bitte haben Sie einen Moment Geduld, Sie werden gleich bedient". Geben Sie besser den Kunden die Hoheit über ihre Zeit. In einem der Unternehmen, in denen ich gearbeitet habe, war es üblich, den Kunden an der Warenausgabe auf die Minute genau zu sagen, wann sie ihre Ware in Empfang nehmen können. Egal, wie viel Sie eingekauft hatten, und egal, wie viele Kunden vor ihnen an der Reihe waren. Kundenbefragungen belegten, dass die Kundenzufriedenheit, was Wartezeiten betraf, anstieg. Das war uns trotzdem noch nicht genug, denn nicht jeder Kunde hatte eine Uhr dabei und wollte in unserem Wartebereich an der Uhr warten. Um den Kunden die Wartezeit gefühlsmäßig zu verkürzen und ihre Flexibilität zu erhöhen, gaben wir jedem Kunden eine Art Kurzzeitwecker, damit er genau wusste, wann seine Ware zur Abholung bereitstand. Die Zeit wurde auf der Uhr und auf den Warenkommissionsscheinen notiert. Dieser Service kam sehr gut bei den Kunden an, da sie Wartezeiten, die sich leider nicht immer vermeiden ließen, mit anderen, ihnen wichtigen Dingen, füllen konnten. Unsere Arbeit war für die Kunden in diesem Bereich kalkulierbar und zuverlässig.

Kunden möchten sich aber auch auf ihren Händler und dessen Aussagen (verbal und nonverbal) verlassen können. Dazu zählen zeitnahe Gesprächsannahmen und Rückrufe am Telefon genauso, wie eine zügige Bestell- und Reklamationsbearbeitung und wahrheitsgetreue Aussagen zu Produkten und Leistungen.

Zeigen Sie, dass Sie Ihr Geschäft verstehen und professionell arbeiten

Geben Sie den Kunden alle Informationen, die sie benötigen, um bei Ihnen im Geschäft einkaufen zu können. Dazu gehören in erster Linie alle notwendigen Preis- und

Produktinformationen zum Sortiment, zu Zahlungs- und Umtauschmöglichkeiten, zu Abläufen bei Bestellungen, Warenanlieferungen und Warenaufbau oder auch zu Serviceleistungen wie Reparaturen und Ersatzteile. Das alles reicht allerdings nicht, wenn nicht auch Ihre Mitarbeiter fachkundig geschult sind, um Kundenfragen zu deren Zufriedenheit beantworten zu können. Nicht zuletzt drücken Sie Ihre Professionalität mit Ihrem gesamten Auftritt am Markt aus. Sowohl hinter als auch vor den Kulissen. Das heißt, mit Ihrer Corporate Identity und der Art und Weise, wie Sie mit Lieferanten und Kunden umgehen.

Arbeiten Sie an vertrauensvollen Beziehungen zu Ihren Kunden

Kunden brauchen das Gefühl, dass der Händler ihre Probleme versteht und ihm dafür mit seinem Sortiment Lösungen anbieten kann. Produkte können Kunden heute on- und offline zu fast jeder Tages- und Nachtzeit kaufen. Das Internet ist so eine riesige Wissensdatenbank, sodass sie darin auch auf fast jede ihrer Fragen eine Antwort bekommen können. Anonym, ohne mit den Menschen direkt in Kontakt zu treten. Umso stärker rückt das Ladengeschäft in den Mittelpunkt sozialer Kommunikation der Menschen untereinander. Vertrauen zu einem Unternehmen zu haben, bedeutet für viele Kunden vor allen Dingen, Vertrauen zu den Mitarbeitern zu haben. Die Kunden schätzen Wissen und Kompetenz der Mitarbeiter im Hinblick auf Ihr Geschäft und Ihre Waren genauso, wie die Ansprache mit dem eigenen Namen und die Kenntnis ihrer Bedarfe.

Zeigen Sie Ihren Kunden, dass Sie sich in ihre Lebenssituation einfühlen können

Der Dialog mit dem Kunden darf nicht abbrechen oder ins Stocken geraten. Während des gesamten Geschäftsbesuches. Denn Kundenbindung ist die Differenz zwischen den Erwartungen des Kunden und der wahrgenommenen Leistung.

Dazu ist es allerdings notwendig, die Motivstrukturen seiner Kunden genau zu kennen. Denn sowohl das Geschlecht als auch das Alter des Kunden haben auf dessen Motive erheblichen Einfluss. Was für den einen den höchsten, positiven Reiz bedeutet, kann bei einem anderen Kunden zu Unsicherheit und Unwohlsein führen. Oder auf das Ladengeschäft bezogen: Was dem einen höchst interessant erscheint, empfindet ein anderer als langweilig und ein weiterer hat es erst gar nicht gesehen.

Versuchen Sie, sich immer und zu jeder Zeit in die Situation Ihrer Kunden zu versetzen. Spreche ich darüber mit den Händlern, bestätigen mir 99 von 100, dass sie genau das täglich machen würden. Nur bei genauer Betrachtung stimmt diese Aussage selten. Ganz oft betrachtet ein Verkäufer die Situation ausschließlich durch seine eigene Brille. Da fragt er sich, wie er seine Ware besser verkaufen kann, weil doch seine Ware oder Dienstleistung so toll ist. Aus seiner Sicht. Aber nach wie vor erstaunlich selten, weshalb die Kunden gerade bei ihm und gerade das Produkt kaufen sollten? Das ist doch nichts

Neues. Stimmt, ist es nicht. Wie vieles andere in diesem Buch auch. Doch nun stellen Sie selbst sich diese Frage. Haben Sie eine Antwort? Und wenn ja, geben Ihre Kunden die gleiche Antwort? Ich bin mir ziemlich sicher, in einem persönlichen Gespräch würde ich jetzt viele „Wenns" und „Abers" zu hören bekommen. Und genau mit diesem Wenn und Aber stehen Sie selbst dem Mehrumsatz in Ihrem Geschäft im Weg.

Noch ein kleiner Tipp: Werden Sie und Ihre Mitarbeiter leidenschaftliche Sammler der Wörtchen „Bitte" und „Danke". In Fragen der Höflichkeit können wir Deutschen nämlich noch viel von anderen Nationen lernen. Im wahrsten Sinne des Wortes kommt im Einzelhandel das „Dienen" vor dem „Verdienen".

Fazit

Sie werden es an vielen Stellen in diesem Tipp bemerkt haben: Guter Kundenservice ist in ganz entscheidendem Maß von dem Engagement und der Qualität der Mitarbeiter in Ihrem Geschäft abhängig. Denn gerade die Menschen, die in einem Handelsunternehmen arbeiten, prägen dessen Charakter stärker als jede Werbung und jedes Versprechen, das Sie den Kunden als Unternehmen geben.

68 Wie Sie Ihre Kundenansprache mit einem CRM-System verbessern

Obwohl es viel aufwendiger und kostenintensiver ist, neue Kunden zu gewinnen, liegt der Fokus vieler Handelsunternehmen immer noch stark auf der Akquise von neuen Kunden. Vereinfacht dargestellt könnte man sagen, dass es ca. sechs Mal teurer ist, einen neuen Kunden zu gewinnen, als einen Stammkunden zu pflegen. Oder: Investieren Sie in einen Stammkunden 5 €, müssen Sie zur Gewinnung eines neuen Kunden bereits 30 € investieren. Oft liegt es aber auch daran, dass kleinere Unternehmen überhaupt keinen Überblick über ihre Kunden haben. Sie wissen gar nicht, wer Neu-, Alt- oder Stammkunde ist.

Großunternehmen arbeiten daher mit dem sogenannten CRM-System (Customer-Relationship-Management = Kundenbeziehungsmanagement). Das ist eine Software und Datenbank, die das gesamte Kundenpotenzial mit in die Betrachtung einbezieht. Die Unternehmen verwalten damit die Beziehung zu ihren Kunden und zu deren Kontaktdaten. Auf dem Markt gibt es inzwischen sehr viele, sehr homogene Produkte zu kaufen. Ich widme dem CRM-System deshalb einen Tipp, weil ich glaube, dass sich eine solche Anschaffung im Vergleich zu dem vielen Geld, welches für nach dem Zufallsprinzip durchgeführte Marketingaktionen verpulvert wird, durchaus lohnt.

Welchen Nutzen Sie davon haben

Dieses System bietet auch den kleinen Einzelhändlern eine Chance, von der reinen Preisorientierung zur verstärkten Kundenorientierung zu kommen. Gerade bei Stammkunden ist es wichtig, diese direkt und persönlich anzusprechen. Haben Sie zudem noch einen Onlineshop, verkaufen Ihre Waren also über zwei Kanäle, lässt sich das CRM-System hervorragend mit diesem kombinieren.

Sie können alle ein- und ausgehenden Nachrichten wie Telefon, E-Mail und Fax vereinheitlichen, was im Hinblick auf Ihre Corporate Identity sehr sinnvoll ist. Die Daten können betriebswirtschaftlich und statistisch ausgewertet werden. Somit können Sie auch Märkte und Zielgruppen besser analysieren. Und, je nach System, Lieferanten und andere Vertragspartner organisatorisch besser im Blick behalten.

Der Arbeitsaufwand wird immer minimaler

Vermutlich müssen Sie dazu einige Prozesse und Abläufe in Ihrem Unternehmen umstellen. Denn während Sie vorher Kundenbriefe in einem Ordner abgelegt oder sich bei Kundenanrufen eine Notiz gemacht haben, müssen diese Daten nun in das System eingegeben werden. Das System sammelt, ordnet und verwaltet für Sie alle Kundeninformationen, so dass Sie im Falle einer geplanten Marketingaktion einfach abgerufen werden können.

Ein Beispiel:

Sie haben es bestimmt schon selbst erlebt, dass Sie an der Kasse eines größeren Einzelhändlers nach Ihrer Postleitzahl befragt wurden? Auch diese Daten werden in ein solches System eingegeben. Wollen Sie nun eine zielgenaue Werbekampagne starten, ist über das System sehr leicht ersichtlich, aus welchem Postleitzahlgebiet die meisten Ihrer Kunden kamen. Und woher beispielsweise kaum ein Kunde kommt. Sie können nun mit einer ganz gezielt angelegten Werbung entscheiden, ob Sie Werbung nur in Gebieten mit hohem Kundenaufkommen schalten oder mit welchen Mitteln Sie aus einem anderen Gebiet Neukunden werben wollen. Oft müssen Verkäufer in kleinen Geschäften zwischen den Kunden im Laden und Kunden, die anrufen, hin und her jonglieren. Kommen dazwischen noch Anrufe von Lieferanten, gibt es bald ein buntes Durcheinander von Zettelchen am Telefon. Dass dann der Überblick verloren geht, ist nicht verwunderlich. Mit einer kurzen Eingabe in das Kundenbeziehungsmanagement-System werden auch diese Daten an zentraler Stelle gebündelt und sind vor allem für jeden Mitarbeiter abrufbar. Kein Kunde bekommt mehr die Antwort: „Da kann ich Ihnen im Moment nicht weiterhelfen. Das hat mein Mitarbeiter gemacht und der ist erst morgen wieder da."

Welchen Nutzen Sie noch haben

Da Sie mehr Informationen über Ihre Kunden haben, können Sie natürlich nicht nur Werbekampagnen, sondern auch Produktangebote und Umsatzplanungen viel besser erstellen. Das bedeutet auch, dass sich durch effizientere Kundenorientierung Ihr Umsatz erhöhen und durch den verbesserten Kundenservice auch Ihre Wettbewerbsfähigkeit gegenüber Ihren Mitbewerbern verbessern wird.

Wie am Beispiel mit dem Telefon beschrieben, werden Sie viel schneller und bedarfsorientierter auf Ihre Kunden reagieren können. Jeder Mitarbeiter wird aus Sicht des Kunden zu einem kompetenten Mitarbeiter. Und bei regelmäßiger Pflege werden auch die Kundenprofile immer detaillierter und aussagefähiger.

Höhere Kompetenz motiviert nicht nur Ihre Mitarbeiter. Einheitliche Arbeitsabläufe und -prozesse erleichtern auch Ihnen die Einarbeitung neuer Mitarbeiter und bedeuten für Sie Zeitersparnis.

Was Sie beachten sollten

Für welches System Sie sich auch immer entscheiden, Sie sollten darauf achten, dass die Software entweder mit Ihrem vorhandenen System kompatibel ist oder aber, wenn Sie neu kaufen müssen, dass das CRM-System mit anderen Unternehmenssystemen verknüpft werden kann. Natürlich gibt es CRM-Systeme auch als alleinige Lösung. Aber weshalb sollten Sie mit unterschiedlichen Systemen arbeiten, wenn es auch kombinierbare Systeme gibt?

Konsequente Ausrichtung auf den Kunden (CRM) in Marketing, Verkauf und Service. Quelle: Iris Skowronek

Fazit

Einer der wenigen Tipps, in dem ich Ihnen eine Anschaffung empfehle. Ich bin in diesem Fall davon überzeugt, dass Sie mit einem CRM-System tatsächlich jede Menge analytische Arbeit stark vereinfachen können. Vor allem nutzt Ihnen das System dabei, Ihre Werbung ganz gezielt bei ausgewählten Kunden Ihrer Zielgruppe zu platzieren. Und das wiederum spart am Ende so viel Geld, dass die Software wieder finanziert ist.

69 Von der Nichtkaufanalyse über die Abschlussquote zur Kundenbindung

Wenn Händler merken, dass ihnen die Kunden wegbleiben oder sie zu wenig Besucher zu Kunden machen können, sind oft die Umstände daran schuld. Der Wettbewerb, die Wirtschaftskrise oder das schlechte Wetter. Ist dem wirklich so?

Ich mache wegen solcher Dinge keinen Bogen um meine Lieblingsgeschäfte. Wohl aber, wenn die Leistungen oder Angebote dort nachlassen. Manchmal auch, weil mir ein Geschäft zu langweilig ist und andere dieselben Sortimente viel ideenreicher präsentieren. Wie geht es Ihnen? Weshalb wechseln Sie in ein anderes Geschäft? Nun will ich damit keineswegs ausschließen, dass o. g. Kriterien keinen Einfluss auf die Frequenz in einem Geschäft haben. Ich meine nur, dass viele Händler sich selbst, ihr eigenes Zutun zu wenig hinterfragen und dadurch schon weniger Umsatz machen, als sie eigentlich könnten.

Eine kleine Rechnung: Sie haben ein kleines Einzelhandelsgeschäft. Bei Ihnen klappert 600 mal pro Woche die Kasse. Das sind im Jahr 31.200 mal Kassenklappern. Bleiben Ihnen nur 5 % Ihrer Kunden wegen Unzufriedenheit weg, sind das pro Woche 30 Kunden und pro Jahr 1.560 Kunden. Haben alle Ihre Kunden einen durchschnittlichen Kassenbon von 40,- €, fehlen Ihnen nur durch die 5 % wegbleibender Kunden 62.400,- € an Umsatz. Sie können diese Rechnung gerne für Ihr Geschäft und für ein paar Jahre mehr aufmachen.

Es geht um Kundenzufriedenheit und auch Kundenloyalität, die das Kaufverhalten der Kunden beeinflusst. Leider können Sie Kunden, die weggeblieben sind, nicht mehr nach deren Zufriedenheit befragen. Es sei denn, Sie haben die Kundendaten. Sie müssen demnach viel früher beginnen – wenn die Kunden noch im Laden sind.

Ursachenforschung durch Kundenbefragung

Kundenbefragungen führen größere Unternehmen schon seit vielen Jahren regelmäßig durch. In kleineren und kleinen Geschäften erlebe ich so etwas ganz selten. Natürlich hört niemand gerne, dass dem Kunden etwas fehlt oder er sich über etwas geärgert hat. Dennoch ist es gerade auch für die inhabergeführten Geschäfte von elementarer Bedeutung, mit den Kunden in den Dialog zu treten.

Überlegen Sie: Wie können die Kunden heute bei Ihnen Lob oder auch Kritik anbringen? Nur durch Small Talk mit den Verkäufern? Wie erfahren Sie, weshalb ein Besucher, ohne etwas gekauft zu haben, den Laden verlässt? Gibt es anonyme Möglichkeiten im Geschäft, über Ihre Homepage, einen Blog? Führen Sie regelmäßig Kundenbefragungen über die Zufriedenheit Ihrer Kunden durch?

Manche Kunden kaufen „nur" Komplimentärartikel beim Mitbewerber. Solange sie wieder zu Ihnen kommen, haben Sie noch eine nächste Chance. Allerdings wäre es doch schön, wenn Sie diese Kombinationsartikel auch anbieten könnten?

Fakt ist, Sie können Kunden nur behalten oder zurückgewinnen, wenn Sie die Ursachen für deren Unzufriedenheit kennen und abstellen können. Ich selbst habe tatsächlich oft die Erfahrung gemacht, dass viele Ursachen weder mit den Artikeln noch mit den Mitarbeitern selbst zu tun hatten. In vielen Fällen handelte es sich um unzureichende Kommunikation zwischen den Handelsunternehmen und den Kunden.

Wie wäre es, wenn jeder der Mitarbeiter täglich mit einer bestimmten Anzahl Kunden über deren Bedarfe und Wünsche spricht, die Antworten gesammelt werden und diese regelmäßig für Verbesserungen der Leistungen des Geschäftes benutzt würden?

Rückgewinnung von Kunden ist teuer

Teuer und schwierig wird der Prozess, wenn Kunden wieder für das Geschäft zurückgewonnen werden müssen. Nicht nur, dass sie ihren Frust längst an andere Menschen weitergegeben haben. Denken Sie an deren Bekanntenkreis, an das Internet, an die vielen Foren, Blogs, Twitter und andere Online-Medien. Mit den heutigen Medien kann auch ein Image innerhalb kürzester Zeit kaputt sein.

Quelle: Iris Skowronek

Es ist wichtig zu lernen, den Kunden zu verstehen. Weshalb bleiben sie weg oder gehen zum Mitbewerber? Was schätzen die Kunden gerade an Ihrem Geschäft? Was macht Sie für den Kunden besonders? Andernfalls müssten Sie diesen Kunden sehr aufwendig wieder Anreize geben, um sie in Ihr Geschäft zurückzuholen.

Vielleicht meinen Sie, dass Ihnen das nicht passieren kann, da Sie mit Ihren Produkten, Ihrer Leistung einzigartig sind. Diese Meinung vertraten leider schon viele, auch große Unternehmen. Und heute? Die Mitbewerber stehen längst in den Startlöchern. Sie beobachten Sie schon lange. Ihre Ware, Ihr Verkaufssystem. Nur darauf bauend, den kleinen Fehler bei Ihnen zu entdecken, um mit verbesserten Ideen selbst auf den Markt zu kommen.

Der kontinuierliche Verbesserungsprozess

Kundenbindung ist ein nie endender Prozess. Ein leichter und doch noch zu oft unterschätzter Baustein in diesem Prozess ist die Nichtkaufanalyse. Machen Sie sich erst Gedanken über Verbesserungen und neue Werbung an und in Ihrem Geschäft, wenn Sie wissen, weshalb die Besucher, die Sie schon haben, nichts kaufen! Arbeiten Sie in einem ständigen Prozess daran, diese Ursachen zu beseitigen. Sie werden merklich weniger Geld für alle anderen Maßnahmen benötigen.

Fazit

Eine der wichtigsten Analysen im Prozess der Kundenbindung ist die Nichtkaufanalyse. Machen Sie die Berechnung der Abschlussquote (Prozentsatz der Besucher, die in Ihrem Geschäft zu Kunden werden). Kennen Sie Ihren heutigen Anteil? Versuchen Sie, ihn nur um 1% zu erhöhen! Wieder und wieder, und Ihr Umsatz steigt mehr und mehr. Garantiert!

70 Kundenbefragungen gezielt durchführen

Das Konsumverhalten der Menschen verändert sich laufend. Manchmal bekommen wir es mit, weil der Trend massiv und nicht zu übersehen ist. Manchmal geht es ganz langsam und wird nur bemerkt, weil unsere „Top-Produkte" nicht mehr so stark nachgefragt werden. In der Regel fangen dann die Spekulationen über die möglichen Ursachen an. Das ist die Stunde der Unternehmensberater. Natürlich können diese Ihnen mit ihrem trainierten Blick und ihrem Fachwissen helfen. Doch ehe Sie sich einen solchen einkaufen, können Sie selbst aktiv werden.

Die wertvollsten Quellen, aus denen Sie etwas über Ihr Geschäft erfahren und lernen können, sind die Fragen der Kunden. Kunden sagen Ihnen ganz genau, was ihnen gefällt oder nicht, wo Sie in Ihrem Geschäft noch ein Verbesserungspotenzial haben.

Es gibt zwei Möglichkeiten, an die Meinung der Kunden zu gelangen: über die direkte und die indirekte Kundenbefragung.

Indirekte Kundenbefragung

Haben Sie schon einmal unselektiert alle Fragen der Kunden über einen gewissen Zeitraum aufgeschrieben? Oder gehört es zur Tagesaufgabe der Mitarbeiter, Kundenfragen aufzuschreiben? Sie werden staunen, wie viele Fragen sich wiederholen. Und wie viele sich davon zur Zufriedenheit der Kunden lösen lassen. Sie erhalten schnell ein Ranking der zehn häufigsten Kundenfragen.

Machen Sie für sich eine Routine daraus, diese Listen mindestens einmal im Monat zu bearbeiten. Bearbeiten Sie sie so, dass ein großer Teil dieser zehn Fragen von den Kunden nicht mehr gestellt werden muss. Bedenken Sie, dass Sie vermutlich niemals alle Fragen gelöst haben werden. Es tauchen neue Kundenfragen auf. Nur werden diese immer weniger Einfluss auf die allgemeine Kundenzufriedenheit im Geschäft haben. Dass die Mühe sich lohnt, zeigen die folgenden Aspekte einer Auswertung von Kundenfragen:

- Überprüfung, ob das Layout des Ladens den Anforderungen entsprechend funktioniert.
- Ablauforganisation im Geschäft: ein häufiger Optimierungspunkt.
- Stimmt die Preisauszeichnung? Sind alle Waren preisausgezeichnet?
- Benötigen die Kunden weitere Informationen zu den Produkten oder im Geschäft?
- Sind die Bezahlsysteme im Geschäft ausreichend?

- Von welcher Ware benötigen die Kunden ein Muster?
- Wie verstehen die Kunden Ihre Kommunikation, Ihr Marketing, Ihre Werbung?
- Die Kunden sind Ihr Trendscout. Sie kennen und fragen nach Artikeln, die neu auf dem globalen Markt und vielleicht auch gerade für Ihr Geschäft sehr interessant sind.

Vor allem aber sparen Sie sich und Ihren Mitarbeitern Zeit. Zeit, in der sie sonst die nicht notwendigen Kundenfragen beantworten müssten. Diese Zeit kann viel besser für ein Beratungsgespräch genutzt werden, welches am Ende vielleicht noch Umsatz in die Kasse bringt. Nicht zuletzt erhöhen Sie die Kundenzufriedenheit in Ihrem Geschäft, vermeiden Wartezeiten usw., was sich auch wieder in Geld auszahlt.

Direkte Kundenbefragung

Der Kunde sollte in jedem Geschäft zusätzlich auch direkt die Möglichkeit haben, seine Meinung zu äußern. Sie dient dem gleichen Grund wie auch die indirekte Kundenbefragung. Nur bekommen Sie keine Fragen, sondern Antworten. Antworten und ganz viel Tipps und Informationen auf Ihre Fragen. Fragen, die Sie gesteuert den Kunden stellen können, um bestimmte Problembereiche zu analysieren. Die häufigste und bekannteste Form sind die „Meinungszettel", die der Kunde nach dem Ausfüllen entweder abgeben oder in einen bereitstehenden Kasten werfen kann. Bereiten Sie die Antworten der Fragen vor, damit Sie möglichst wenig Zeit der Kunden in Anspruch nehmen. Es ist dabei unwesentlich, ob die Kunden ihre Anschrift preisgeben oder nicht. Wenn ein Kunde aber seine Adresse angibt, sollte es oberste Priorität für Sie sein, dem Kunden eine Antwort zu schreiben oder ihn kurz anzurufen! Feedback auf die Wünsche und Bedürfnisse im Einzelhandel zu bekommen, gehört für die Kunden noch lange nicht zum Alltag. Sie können also sicher sein, dass der Kunde positiv überrascht sein wird und sich gerne bei seinem nächsten Einkauf an Ihr Geschäft erinnert.

Kunden schreiben auch, wenn sie mit einem der Mitarbeiter ganz besonders zufrieden waren. Geben Sie diese Informationen unbedingt regelmäßig an Ihre Mitarbeiter weiter. Lob vor dem Team ist Motivation pur und lässt den Mitarbeiter geradezu über sich hinauswachsen.

Eine andere Form der direkten Kundenbefragung sind regelmäßige Befragungen, z. B. nach Sortimentswechseln, Umbauten usw. über vorbereitete Fragebögen. Die Kunden werden dann am Ausgang angesprochen, erhalten einen Anruf nach ihrem Einkauf oder bekommen einen Bewertungsbogen nach Hause geschickt. Diese Fragebögen sind deutlich aufwendiger, da sie einer genauen Vorbereitung bedürfen. Allerdings haben Sie gegenüber den Meinungszetteln im Laden den Vorteil, damit gezielte Auswertungen vornehmen zu können. So können Sie nach der Sortiments- oder Preiszufriedenheit fragen, nach Ihrem Kundenservice, der Beratungskompetenz der Mitarbeiter, aber auch, weshalb der Kunde bei Ihnen kauft und nicht beim Mitbewerber oder danach, was ihm bei Ihnen noch fehlt.

Auf diese Art ermitteln Sie mithilfe der Kunden ebenfalls sehr gut Stärken und Schwächen Ihres Geschäftes. Der Unterschied zur eigenen Geschäftsanalyse ohne Berücksichtigung der Kundenmeinung besteht darin, dass Ihnen die Kunden unvoreingenommen und ohne spezielles Hintergrundwissen des Geschäftes antworten. Ungeschminkt sozusagen.

Da Märkte sich heute sehr schnell ändern, führen Sie diese Befragungen regelmäßig jedes Quartal oder wenigstens zwei Mal im Jahr zur selben Zeit durch, so werden die Ergebnisse vergleichbar. Sie können eins zu eins vergleichen, an welcher Stelle Sie sich bereits verbessert haben oder wo Sie noch Verbesserungspotenziale haben.

In größeren Unternehmen können die Ergebnisse der einzelnen Filialen miteinander verglichen werden, was Aufschluss darüber gibt, in welcher Filiale eine so gute Arbeit geleistet wird, dass andere Filialen sich daran orientieren und daraus lernen können. Das führt zu schnellen Verbesserungen auch in anderen Filialen Ihres Unternehmens.

Fazit

Kundenbefragungen und das regelmäßige Auswerten der zehn häufigsten Kundenfragen sind die besten Ratgeber auf dem Weg zu einem Handelsunternehmen mit einer hohen Kundenzufriedenheit. Steigt die Kundenzufriedenheit, steigt der Anteil der Stammkunden und der Umsatz.

71 Wie Sie Reklamationen zur Qualitätssicherung nutzen

Kundenbeschwerden sind für jeden Verkäufer ein schwieriges Thema. Im Grunde genommen können Sie aber über jede einzelne Beschwerde oder Reklamation der Kunden froh sein. Sie liefern die besten kostenlosen Informationsquellen, um Schwachpunkte im Geschäft zu erkennen und zu verbessern. Sie müssen für diese Information keine Kunden befragen, keine Analysen durchführen, sondern Sie bekommen Ihr Verbesserungspotenzial auf einem Silbertablett direkt vom Kunden serviert. Nehmen Sie die Beschwerden und Reklamationen der Kunden ernst, haben Sie die optimalen Voraussetzungen, um an Ihrem Image zu arbeiten, zu lernen, zu verstehen, zu verbessern und vor allem rechtzeitig zu agieren, bevor die Kunden wegbleiben.

Verhalten bei Kundenbeschwerden

Kunden sind, wenn sie sich beschweren, oft erregt, laut und vorwurfsvoll. Aus ihrer Sicht der Dinge befinden sie sich im Recht. Bleiben Sie ruhig und sachlich. Wenn Kunden in Rage sind, benötigen sie eine Projektionsfläche, um sich Luft zu machen. Das sind in der Regel Sie als Verkäufer oder Mitarbeiter im Kundendienst. Reagieren Sie nicht persönlich angegriffen. In den wenigsten Fällen meinen die Kunden Sie als Verkäufer ganz persönlich. Zeigen Sie Verständnis für das Problem des Kunden. Bewerten Sie seine Aussagen nicht, sondern fra-

Nutzen Sie Reklamationen zur Verbesserung der Qualität Ihrer Produkte: Quelle: fotolia

gen Sie lieber nach, um den Sachverhalt besser eingrenzen zu können. Ist das Problem nicht sofort zu lösen, notieren Sie sich die Einzelheiten des Problems sowie die Daten des Kunden. Sichern Sie dem Kunden umgehende Klärung zu und veranlassen Sie diese auch zeitnah. Die meisten Kunden werden damit einverstanden sein und nun ruhiger werden.

Umgang mit Kundenbeschwerden

Erarbeiten Sie einen Ablaufplan, für alle Mitarbeiter geltend, wie im Geschäft mit Kundenbeschwerden und Reklamationen zu verfahren ist. Mit diesem festgelegten Prozess vermeiden Sie, dass jeder Mitarbeiter anders mit Kundenbeschwerden umgeht oder diese im schlimmsten Fall irgendwo unbearbeitet liegen bleiben. Haben Sie ein Computersystem, geben Sie alle relevanten Daten dort ein. So stellen Sie sicher, dass jeder Mitarbeiter den Bearbeitungsstand der Beschwerde nicht nur sofort sehen, sondern auch daran weiterarbeiten kann.

Die kleinen und ...

Ist das Problem des Kunden mit geringem Aufwand sofort lösbar, klären Sie es sofort. Zeigen Sie sich entgegenkommend. Der Kunde ist im Stress. Er hat Ihnen kostenlos eine Schwachstelle in Ihrem Unternehmen gezeigt. Seien Sie kulant und überraschen Sie ihn mit einer kleinen Aufmerksamkeit. Einem Kaffee, einem Glas Sekt bei seinem nächsten Besuch, Erstattung der Parkgebühr oder anderen Kleinigkeiten. Verglichen mit dem Verlust des Kunden oder einem Kratzer am Image, ist das ein winziger Preis.

... die großen Probleme

Nun ist nicht jedes Problem sofort aus der Welt zu schaffen. Gerade wenn Lieferanten oder Hersteller miteinbezogen werden müssen, vergehen schnell einige Wochen. Um dieser unangenehmen Situation die Schärfe zu nehmen, halten Sie die Kunden über den Bearbeitungsstand ihrer Reklamation ständig auf dem Laufenden. Informieren Sie ihn und binden ihn, wo immer möglich, in den Lösungsprozess mit ein. Kunden werden das trotz aller Emotionen enorm zu schätzen wissen. Sie spüren, dass sie mit ihrer Reklamation ernst genommen wurden und dass man sich um ihre Zufriedenheit bemüht. Dabei ist es völlig egal, ob Sie dies telefonisch oder per Brief oder E-Mail machen. Nichts ist für Kunden schlimmer, als nicht zu wissen, ob ihr Anliegen bearbeitet wird oder nicht.

Nachdem die Reklamation bearbeitet wurde, erkundigen Sie sich schriftlich oder telefonisch beim Kunden danach, ob alles zu seiner Zufriedenheit verlaufen ist, ob noch Wünsche offen sind und ob er noch weitere Verbesserungsvorschläge für Sie hat. Zum Abschluss sollten Sie sich auch hier mit einer kleinen Überraschung beim Kunden bedanken.

Nutzen für das Unternehmen

Jede Kundenreklamation ist für ein Unternehmen bares Geld wert, wenn es diese Reklamationen für den ständigen Verbesserungsprozess im Unternehmen nutzt. Nehmen Sie alle

Kundenbeschwerden in eine Datei auf und kategorisieren Sie diese nach Bereichen. Verkaufsfehler, Warenfehler, Ablauffehler, Lieferfehler usw. Diese Kategorisierung erleichtert Ihnen ein effizienteres Nutzen und Verarbeiten der Informationen. Stellen Sie anhand der Reklamationen fest, wo Sie die Kommunikation untereinander verbessern, Abläufe verändern, Warenkenntnisse auffrischen oder Lücken im Sortiment schließen müssen. Betrachten Sie die Arbeit mit den Daten als Qualitätssicherung für Ihre Kunden und Ihr Geschäft. Werten Sie die Informationen regelmäßig aus und suchen Sie gemeinsam mit Ihren Mitarbeitern nach Lösungsmöglichkeiten.

Teilen Sie dem Kunden mit, welche Konsequenzen Sie aus seiner Reklamationen gezogen und was Sie verändert haben. Bedanken Sie sich für den Hinweis auf den Fehler und legen Sie einen kleinen Gutschein oder ähnliches bei.

Der Kunde wird sich nicht nur wertgeschätzt fühlen, er wird auch wiederkommen. Auf diese Art nutzen Sie Reklamationen zur Kundenbindung. Nach meiner Erfahrung nutzt nur ein kleiner Teil der Kunden diese Vorgehensweise für sich aus. Die Mehrheit der Kunden ist aufrichtig dankbar, wenn sich der Händler ihren Wünschen und Beschwerden ernsthaft annimmt.

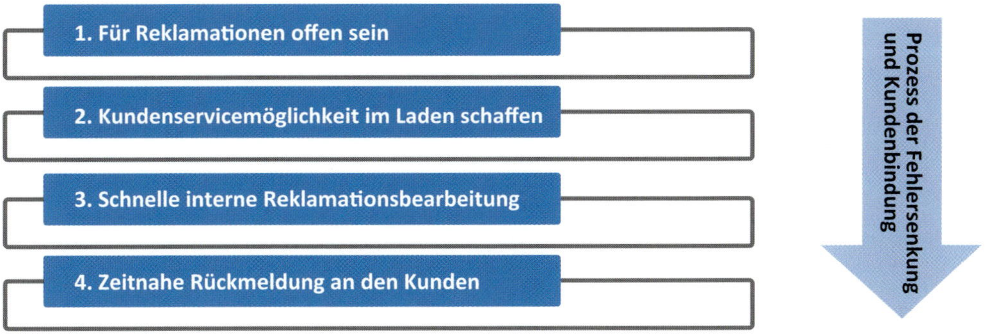

Quelle: Iris Skowronek

Fazit

Kundenservice ist auch der ehrliche und schnelle Umgang mit Kundenreklamationen. Bewerten Sie Kundenreklamationen nicht negativ, sondern als ungefragte und unbezahlte Hilfestellung bei der Verbesserung Ihres Ladens zur Zufriedenheit der Kunden. Bedanken Sie sich immer und bedenken Sie dabei, wie viel Sie hätten zahlen müssen, hätte Sie ein professioneller Berater auf diesen Missstand hinweisen müssen.

72 Die wichtigste Serviceleistung für die Kunden: Ihre Mitarbeiter

Kunden erleben den Einzelhandel als immer vergleichbarer. Nicht nur die Produkte und Angebote ähneln sich immer mehr, sondern auch die Ideen, die Qualität der Produkte und die Serviceleistungen. Immer schneller kopieren Mitbewerber Produkte, Ideen und Serviceleistungen. Das macht es von Jahr zu Jahr schwieriger, sich von den Mitbewerbern abzuheben.

Die Ansprüche der Konsumenten steigen

Auf der anderen Seite steigen auch die Ansprüche der Konsumenten immer schneller. Sie können einzelne Angebote durch das Internet in kürzester Zeit vergleichen und machen davon auch verstärkt Gebrauch. Ein guter Service des Einzelhändlers sowohl vor Ort in seinem Laden als auch im Internet auf seiner Webseite wird immer wichtiger, um Kunden zu gewinnen und zu halten.

Kosten versus Kundenkontakte

Vielleicht haben Sie in Ihrem Geschäft nicht nur gute Konzepte, sondern auch gute Serviceideen verankert. Nun spreche ich in diesem Buch oft davon, wie Sie Ihre Kosten optimieren können. Das ist in der heutigen Zeit dringend notwendig. Viele Einzelhändler könnten sonst in wirtschaftlich schwierigen Zeiten nicht überleben. Dennoch dürfen die Kunden diese Einsparungen nicht zu spüren bekommen. Die Herausforderung für die Geschäftsführung und die Mitarbeiter besteht deshalb darin, die Prozesse so zu optimieren, dass die Mitarbeiter immer noch ausreichend Zeit für die Kunden haben. Denn mehr denn je ist der Faktor Mensch das wichtigste Unterscheidungsmerkmal in Sachen Kundenservice.

Worum es im Beziehungsservice zu den Kunden geht

Es geht um Freundlichkeit, Aufmerksamkeit, Hilfsbereitschaft, Zuverlässigkeit und Aufrichtigkeit, die die Kunden in Ihrem Geschäft wahrnehmen wollen. Nun denken Sie wahrscheinlich, dass das wohl eine Selbstverständlichkeit ist. Das ist richtig. Aber der Alltag der Mitarbeiter sieht anders aus. Wenn Kunden, vor allem weibliche Kunden, einen Mitarbeiter sehen, fragen sie ihn nach ihrem Anliegen. Das ist schlicht der einfachere Weg. Auch dann, wenn alle notwendigen Informationen in Ihrem Geschäft schriftlich vorhanden sind. Und machen wir uns nichts vor, Kunden können zuweilen recht anstrengend sein. Da kann selbst dem freundlichsten Mitarbeiter irgendwann einmal die gute Laune vergehen. Trotzdem geschieht fast nichts in einem Geschäft, was den Kunden nörgeln oder lachen lässt, ohne Beteiligung der Mitarbeiter. Deshalb verwundert es nicht, dass für die Kunden die Mitarbeiter auch mit das wichtigste Kriterium für die Entscheidung sind, ob sie ein Geschäft wieder betreten oder nicht. Mit anderen Worten, der Weg zu einem guten Kundenservice beginnt im Inneren der Mitarbeiter und der Führungskräfte. Für den Kunden sind Ihre Mitarbeiter „Sie“, Ihr Laden, der Slogan, Ihre Marke.

Kundenservice als Dauerthema in Ihrem Team

Machen Sie das Gespräch über Ihre Kunden und deren positive wie auch unschönen Eigenheiten zum Dauerthema mit Ihren Mitarbeitern in Ihrem Geschäft. Üben Sie mit ihnen zu erkennen, was der Kunde wünscht, wenn er einen Laden betritt. Möchte er in Ruhe gelassen werden und sich zunächst nur umschauen? Welche Signale sendet er durch seine Körpersprache? Möchte er Beratung? Dann es wichtig, zuerst die Bedarfe der Kunden zu erfragen. Mit welchen Leistungen können Sie dem Kunden die Kaufentscheidung erleichtern? Sucht er für sich selbst etwas oder für eine andere Person? Es geht darum, dass die Kunden sich bei Ihnen wohlfühlen, Zeit sparen und von Ihrer Kompetenz überzeugt sind. Aber bitte fragen Sie nicht, ob Sie helfen können! Darauf kann er nämlich nur JA oder NEIN antworten.

Wenn der Kunde Beratung wünscht, legen Sie ihm immer eine Auswahl der gewünschten Produkte vor und trainieren Sie mit Ihren Mitarbeitern, dass diese den Kunden die Eigenschaften und den Nutzen der jeweiligen Produkte erklären können. Wichtig ist, dass der Nutzen nicht für den Mitarbeiter sinnvoll sein darf, sondern den Interessen und Wünschen des Kunden entspricht.

Guter Kundenservice funktioniert nur mit hoher Eigenverantwortung

Nicht immer werden die Kunden sofort etwas kaufen. Trotzdem müssen sich die Mitarbeiter bewusst sein, dass mit dem ersten Kontakt zum Kunden der Beziehungsaufbau beginnt. Geben Sie aus diesem Grund Ihren Mitarbeitern so viel Eigenverantwortung wie möglich. Vertrauen Sie den Mitarbeitern. Entwickeln Sie die Fähigkeiten Ihrer Mitarbeiter, um im Kundenkontakt noch besser reagieren zu können. Trainieren Sie auch regelmäßig den Umgang mit schwierigen Kundengesprächen. Damit heben Sie nicht nur die Stimmung in Ihrem Geschäft, sondern auch die Servicebereitschaft Ihrer Mitarbeiter gegenüber den Kunden. Und das ist mehr als nur Geld wert.

Kundenbindung funktioniert nur in der Kombination von Qualität, Service und Kompetenz.
Quelle: fotolia

Eine kleine Checkliste

Haben Sie geprüft, ob den Mitarbeitern die Ziele und Visionen Ihres Geschäftes klar sind? Ob sie wissen, wer Ihre wichtigsten Kunden sind, welches die idealen Kunden? Kennen alle

Mitarbeiter den Umfang an kostenlosen Serviceleistungen und Dienstleistungen (gegen Bezahlung) in Ihrem Geschäft? Können die Mitarbeiter die Preise gegenüber dem Kunden argumentieren? Wissen Sie, welche Leistungen für welche Kundengruppe besonders interessant sein könnten? Bieten Sie diese Service- und Dienstleistungen auch aktiv diesen Kunden an? Geben Sie Ihren Mitarbeitern Gesprächs- und Argumentationshilfen an die Hand? Wissen Sie, wie sich Ihre Mitarbeiter gegenüber dem Kunden verhalten? Beobachten Sie sie ab und an? In Zeiten des allgemein steigenden Egoismus bei allen Menschen ist es wichtiger denn je, eine Kultur des Dienens am und für den Kunden aufrechtzuerhalten. Machen Sie es nicht, wird es Ihr Mitbewerber machen.

Gute Mitarbeiter sind der wichtigste Multiplikator für Image und Kundenbindung.
Quelle: alnatura

Fazit

Wenn es bei einem stationären Geschäft um Image und Kundenbindung geht, sind die Mitarbeiter der wichtigste Multiplikator. Mehrheitlich über sie werden die Kunden entscheiden, ob sie sich in einem Geschäft gut beraten und angenommen gefühlt haben. Dazu ist es wichtig, schon bei der Rekrutierung der Mitarbeiter auf entsprechendes Verhalten zu achten und dies später durch kontinuierliche Ausbildung weiterleben zu lassen. Lassen Sie es niemals zu, dass ein Kunde von einem Mitarbeiter an den nächsten weitergereicht wird.

73 Stammkundenpflege: So halten Sie Ihr Geschäft am Laufen

Wenn Sie nicht gerade eine geniale Geschäftsidee, gepaart mit einer guten Portion Glück haben, wissen Sie auch, wie schwer es ist, neue Kunden in das Geschäft zu ziehen. Umso wichtiger ist es für jeden Einzelhändler, möglichst viele begeisterte Stammkunden zu haben. Allerdings: Wenn das Neukundengeschäft die Pflicht ist, so ist das Stammkundengeschäft die Kür.

Ich beobachte oft, dass viel Geld und Aufwand in Marketingmaßnahmen und Anzeigen gesteckt werden, um den potenziellen Kunden ins Geschäft zu locken. Hat der Kunde dann den Weg ins Geschäft gefunden, sind viele Einzelhändler nicht darauf vorbereitet, ihn wie einen Gast zu empfangen, geschweige denn, ihn zu hegen und zu pflegen, damit er auch noch viele weitere Male kommt. Das ist sehr schade. Dabei ist Kundenpflege doch gar nicht so schwer. Vor allem ist es viel einfacher und auch billiger, mit einem bestehenden Kunden ein Geschäft zu machen, als wieder einen neuen Kunden zu akquirieren.

Informieren Sie Ihre Kunden, um mit ihnen in Kontakt zu bleiben

Bleiben Sie mit Ihren Kunden in Kontakt. Das ist auf verschiedenen Wegen möglich. Der einfachste Weg im Zeitalter des Internets ist sicherlich die eigene Webseite des Einzelhandelsgeschäftes. Sie bietet unendlich viele Möglichkeiten. Sie können den Kunden über Ihre Öffnungszeiten, Ihre Serviceangebote, Ihre Waren, geplante Aktionen, neue Mitarbeiter oder Sortimente, aber auch schöne neue Verkaufsflächen oder Sonderangebote informieren. Sie können weitere Tipps und Tricks zur Nutzung Ihrer Ware vermitteln und Gewinnspiele online initiieren. Je informativer und abwechslungsreicher Sie Ihre Webseite gestalten, umso häufiger wird Ihr Kunde sie anklicken, um Neues über Ihr Geschäft, Ihre Ware oder Sie zu erfahren. Sie bauen eine virtuelle Beziehung zu ihm auf. Aus dem Kunden wird ein Gast und aus dem Gast ein „Freund". Freunde besuchen sich und halten sich die Treue, so sie nicht enttäuscht werden.

Je nach Größe des Geschäftes können Sie natürlich auch in einen Dialog mit den Kunden treten. Informieren Sie sie über alle Veränderungen Ihr Geschäft betreffend. Neue Telefonnummern, neue Lieferanten oder neue Standorte, und fragen Sie sie auch nach ihrer Meinung. Geben Sie den Kunden dazu die Möglichkeit, werden diese auch mit Ihnen in Kontakt treten. Sie werden Anregungen zum Sortiment erhalten, aber auch Informationen darüber, wenn neue Trends entdeckt wurden. Offene Wünsche und Bitten werden an Sie herangetragen werden. Führen Sie anhaltend und kontinuierlich einen Dialog mit Ihren Kunden, werden diese immer mehr zum Mit-Verkäufer. Empfehlungsmarketing ist nicht nur preiswert, sondern erhöht auch das Image Ihres Geschäftes.

Lassen Sie die Stammkunden an kleinen Extras teilhaben

Wer fühlt sich nicht wohl dabei, wenn er von seinem Lieblingsgeschäft eine Einladung zu einem ausgesuchten Event erhält, zu dem nur Stammkunden eingeladen werden? Veranstalten Sie ein oder zwei mal im Jahr außergewöhnliche Events für Ihre Stammkunden. Das muss gar nicht mit großen Investitionen verbunden sein. Öffnen Sie beispielsweise immer zum Sortimentswechsel für Ihre Stammkunden eine Stunde früher und begrüßen Sie sie mit einem Sekt oder Kaffee.

Ich habe auch die Erfahrung gemacht, dass Kundenseminare oder Kundennetzwerktreffen zu bestimmten Themen großen Anklang fanden. Das klappt am besten, wenn Sie interessierte Kunden hierzu persönlich einladen. Wenn Sie Ihre Kundendatei so pflegen, dass Sie auch die Vorlieben, Geburtstage und Interessen Ihrer Kunden notieren, können Sie zu Ihren Kundenveranstaltungen die Kunden sogar entsprechend ihren Interessen einladen.

Möglichkeiten der Kundenbindung Quelle: fotolia

Persönliche Informationen sammeln

Legen Sie sich eine Kundenkartei zu. Sammeln Sie alle Informationen, die die Kunden Ihnen freiwillig geben. Das können Geburtstage, Hobbys, Familienjubiläen usw. sein. Wenn ein für den Kunden wichtiges Datum naht, denken Sie daran. Mit einer Mail, einer Karte, einer kleinen Aufmerksamkeit. Jeder Mensch fühlt sich geschmeichelt, wenn Sie ihn bei seinem Namen nennen können und ihm zudem auch noch zu seinem Geburtstag gratulieren. Das gibt Ihnen nicht nur die Möglichkeit, auch außerhalb des Geschäftes auf einem persönlicherem Niveau mit Ihren Kunden Kontakt zu halten, sondern auch, Ihr Sortiment und Ihre Serviceangebote immer feiner auf Ihre Kundenzielgruppe abzustimmen.

Kunden anderer Nationalität

Der Anteil der ausländischen Bevölkerung ist von Stadt zu Stadt und Geschäft zu Geschäft sehr unterschiedlich. Sollten Sie aber einen höheren Anteil ausländischer Kunden in Ihrem Geschäft haben, macht es sich im Sinne der Kundenpflege immer gut, wenn Sie einige der Gepflogenheiten dieser Länder kennen. Welche Feste werden dort gefeiert, wann sind dort Feiertage oder was schenkt man sich zu bestimmten Anlässen? So sind Sie in der Lage, selbst mit kleinen Aktionen an diesen Tagen Ihre ausländischen Kunden zu begeistern.

Sehr gut kommt es auch bei diesen Kunden an, wenn Sie einige wichtige Informationen zum Geschäft oder den Produkten in der jeweiligen Sprache zur Verfügung stellen.

Sprechen Ihre Verkäufer mehrere Sprachen, so machen Sie Ihre Kunden mit kleinen Buttons an der Kleidung der Verkäufer darauf aufmerksam. Das erhöht nicht nur das Wohlfühlempfinden Ihrer Kunden, sondern garantiert auch den Umsatz.

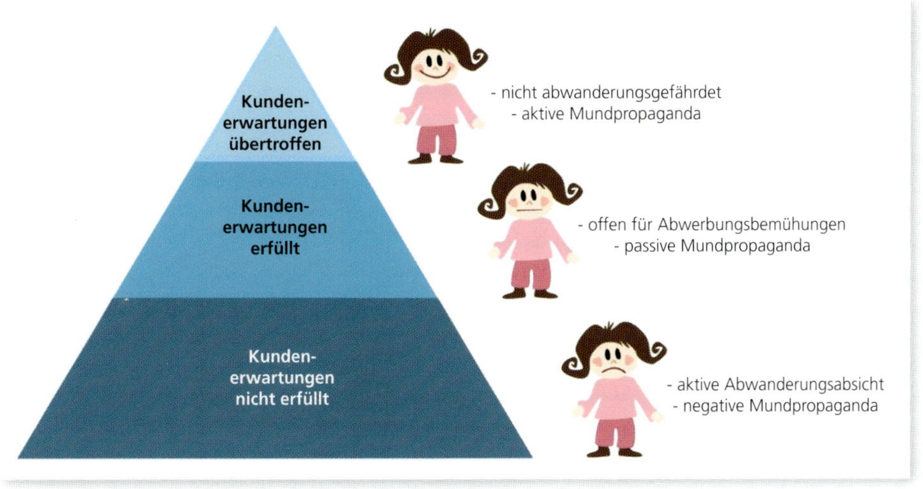

Gründe, weshalb Kunden bleiben oder in ein anderes Geschäft abwandern. Quelle: fotolia

Fazit

Wenn man bedenkt, wie teuer es ist, einen neuen Kunden zu gewinnen, lernt man Stammkunden zu schätzen. Stammkunden sind Menschen, die Ihrem Geschäft schon längere Zeit gut gesonnen sind. Überlegen Sie sich lieber einmal öfter, was Sie zur Pflege oder für noch mehr Stammkunden machen können, anstatt nur neue Besucher im Visier zu haben. Stammkunden sind Ihre besten, treuesten Kunden. Zeigen Sie ihnen das.

74 Die Sache mit den freien Händen beim Einkaufen

Ist Ihnen schon einmal aufgefallen, dass fast jede Frau beim Einkaufen eine Handtasche bei sich trägt? Oder haben Sie schon einmal bemerkt, dass viele dieser Frauen nicht nur eine Handtasche, sondern auch noch die eine oder andere Einkaufstüte in der Hand haben? Natürlich tragen auch Männer Taschen und Tüten mit sich. Aber noch seltener Handtaschen. Und es ist nun einmal Fakt, dass die Mehrzahl der Einkäufe von Frauen durchgeführt werden.

Nun ist es in größeren Lebensmittelgeschäften oder Drogeriemärkten schon lange üblich, den Kunden Einkaufswagen oder Einkaufskörbe zur Verfügung zu stellen. Und zumindest Einkaufskörbe sieht man auch in einigen anderen Branchen des Einzelhandels.

Ein ganz normaler Einkauf

Stellen Sie sich jetzt bitte vor, es ist Winter, Sie sind entsprechend dick angezogen, haben neben Ihrer Handtasche noch ein, zwei oder mehr Tüten vom bisherigen Einkauf zu tragen und betreten das nächste Geschäft. Das erste Hindernis ist die Tür. Mit Mühe stoßen Sie diese mit dem Ellenbogen auf. In diesem Geschäft meint man es gut mit Ihnen und bietet Ihnen gleich am Eingang Einkaufskörbe an. Nett gemeint, aber zugleich ein sperriges Hindernis. O. k., Sie tragen die Handtasche über der Schulter, die Tüten verfrachten Sie in die eine, den Einkaufskorb in die andere Hand. Nun kann die Shoppingtour losgehen. Sie kommen zum ersten Regal oder Verkaufstisch, an dem Sie sich ein Produkt näher anschauen möchten. Korb und Tüten müssen abgestellt werden, oder der Einkaufskorb wandert in die Hand zu den Tüten. Dabei rutscht Ihnen die Handtasche das erste Mal von der Schulter. Handtasche wieder rauf auf die Schulter. Jetzt vorsichtig mit der einen Hand das Produkt geangelt. Nehmen wir an, Sie wollen sich einen Pullover ansehen. Es ist Ihnen gelungen, mit der einen freien Hand Ihre Größe aus dem Stapel zu fingern, ohne den Rest durcheinander zu werfen. Sie schütteln ihn mit der einen freien Hand auseinander, um sich das gute Stück zu betrachten. Wenn er Ihnen nicht gefällt, lassen Sie ihn auf dem Tisch liegen oder werfen ihn ins Regal zurück. Zusammenlegen ist mit einer Hand nun wirklich nicht möglich. Gefällt er Ihnen und Sie haben einen Korb, müssen Sie das Prozedere vom Eingang wiederholen und zur Umkleidekabine gehen. Haben Sie keinen Korb, müssen Sie die kleine Meisterleistung vollbringen und das gute Stück so transportieren, dass es nicht danach aussieht, als wollten Sie es gleich in Ihre Tüte rutschen lassen.

Das Beispiel ist nur ein Beispiel von Hunderten. Beobachten Sie Ihre Kunden. Schnell werden Sie merken, womit Sie Ihren Kunden den Einkauf erleichtern können.

Beispiel Einkaufstaschen, -tüten oder -netze

Es gibt schon den einen oder anderen Einzelhändler, der in seinen Häusern neben Kundenwagen auch große Einkaufstaschen für die Kunden anbietet. Diese Taschen haben den enormen Vorteil, dass man sie sich über die Schulter hängen kann. Sofort sind die Hände wieder frei. Das Einkaufen kann deutlich entspannter fortgesetzt werden. Tragekörbe haben zudem den Nachteil, dass sie mit zunehmendem Inhalt immer schwerer werden und nun auch gegen das Schienbein oder die Wade rempeln und mit Sicherheit schon den einen oder anderen blauen Fleck verursacht haben.

Kunden mit vollen Händen kaufen weniger. Quelle: bigstock

Lieferservice für freie Hände

Noch besser ist es natürlich, all den Kunden, die ihre Waren nicht mehr nach Hause tragen können oder wollen, einen Heimlieferservice anzubieten. Sie müssen dies noch nicht einmal kostenfrei anbieten. Trotzdem werden viele Menschen bereit sein, für diesen Service auch zu zahlen. Vielleicht schließen Sie sich mit anderen Geschäften zusammen und bieten gemeinsam einen Lieferservice an. Vielleicht mieten Sie dafür in einem größeren Geschäft gemeinsam eine kleine Fläche an. Vielleicht könnten die Waren dann über einen gemeinsamen Lieferservice am Abend ausgeliefert werden. Es gibt viele Umsetzungsvarianten. So muss ein Kunde nicht mehrfach von verschiedenen Geschäften angefahren werden, und gemeinsam sparen Sie Geld.

Bieten Sie den Kunden Einkaufshilfsmittel wie Taschen, Körbe oder Einkaufswagen an, hat das auch noch einen weiteren Vorteil für Sie. Die Kunden kaufen nicht nur viel entspannter ein, sie werden auch mehr kaufen. Sie haben ihnen das Einkaufen erleichtert und bequem gemacht.

Denken Sie auch an Senioren und Kinder beim Einkauf

Vergessen Sie nicht die Senioren und die Kinder, wenn Sie über Einkaufshilfsmittel nachdenken. Viele ältere Menschen sind nicht mehr so gut zu Fuß und müssen sich öfter abstützen oder hinsetzen. Haben Sie viele ältere Menschen als Kunden, so sollten Sie überlegen, ob Sie auch in Ihrem ganz kleinen Geschäft ein oder zwei Einkaufswagen haben, die zugleich als Gehhilfe oder Sitzgelegenheit genutzt werden können. Natürlich gilt dies erst recht für größere Geschäfte. Größere Geschäfte können sich natürlich auch Gedanken über einen (faltbaren) Rollstuhl machen. Auch dies wäre eine enorme Erleichterung für die älteren Kunden.

Kleine Kinder sind immer irgendwie in Action. Sie wollen nicht im Einkaufswagen still sitzen und wollen nicht an der Hand ihrer Eltern laufen. So wie es kleine Einkaufswagen mit langen, bunten Fähnchen für Kinder gibt, können Sie doch auch überlegen, sich kleine Holzlaufräder mit langen, bunten Fähnchen für Ihre kleinsten Kunden anzuschaffen. Die Kleinen sind beschäftigt, die Eltern sehen die Kinder anhand der Fähnchen und können gleichzeitig ruhig und mit freien Händen einkaufen. Da ich selbst Mutter bin, empfehle ich das nur für Geschäfte, die relativ klein und übersichtlich sind. Damit jede Mutter und jeder Vater bei Bedarf in Sekundenschnelle bei dem eigenen Kind ist.

Fazit

Kundenservice und Kundenzufriedenheit bedeutet, den Kunden das Einkaufen so einfach wie möglich zu machen. Doch oft denken Einzelhändler nicht an die naheliegendsten Dinge. Weil sie sich eben leider nicht oder zu wenig in die Situation ihrer Kunden hineinversetzen. Das beginnt beim Einkaufen mit möglichst freien Händen, geht über Umkleidekabinen, die sich nicht richtig schließen lassen, lange, zu schmale Wegen usw. Es sind die vielen Kleinigkeiten, die oft das Mehr an Umsatz verhindern.

75

Wie Sie durch Testkäufe die Funktionalität Ihres Geschäftes prüfen

Eine sehr gute Möglichkeit herauszufinden, wie der Verkaufsprozess im eigenen Laden funktioniert und Verbesserungspotenziale aufzudecken, besteht darin, dort einzukaufen. Das Problem ist nur, dass ein Inhaber oder die Mitarbeiter nie nur mit den Augen des Kunden durch das Geschäft gehen können. Sie wissen, welche Ware wo liegt und ob sie gerade lieferbar ist oder nicht. Und zum Chef werden die Mitarbeiter auch selten unhöflich sein. Also müssen Sie andere Menschen darum bitten. Sogenannte Testkäufer.

Wozu Testkäufe dienen

In vielen Medien werden diese Testkäufer auch „Mystery Shopper" genannt. Es gibt inzwischen ganze Unternehmen, die sich dem Mystery Shopping verschrieben haben. Diese Testkäufer gehen dann mit Fragebögen bewaffnet an mehreren Tagen zu unterschiedlichen Uhrzeiten durch das Geschäft und prüfen Kundenwege, Verkaufsgespräche, Preisauszeich-

Testkäufe dienen der Kontrolle und Verbesserung des Kaufprozesses.
Quelle: fotolia

nung, Informationstafeln, Einkaufskörbe, Zusatzangebote und alles, was das Kundenherz begehrt, um glücklich zu sein.

Diese Daten sind neben den Daten aus Kundenreklamationen und Kundenbefragungen wichtig, um Potenziale im Verkauf oder Verkaufsgespräch aufzudecken. Testeinkäufe sollten Sie regelmäßig durchführen, da schon kleine Fehler und Unstimmigkeiten große Auswirkungen haben können.

Möglichkeiten der Durchführung

Professionelle Firmen für diese Testkäufe zu engagieren, ist eine Möglichkeit. Die Mitarbeiter der Testkauffirma haben den Vorteil, mit ihrer Checkliste und sehr trainierten, wachsamen Augen durch ein Geschäft gehen zu können. Der Nachteil ist, dass sie es nicht mehr als ganz normale Kunden können. Mit den Augen emotional nicht involvierter Kunden ohne Checkliste.

Ich habe immer zwei Varianten anderer Art bevorzugt. Zum einen haben Mitarbeiter in Weiterbildung, Azubis oder Handelsfachwirte im Rahmen ihrer Ausbildung immer wieder gezielte Testkäufe durchgeführt. Und zwar dann, wenn sie noch nicht lange im Haus waren und weder den Laden noch die anderen Mitarbeiter richtig kannten. Sie haben eine Liste der unterschiedlichsten Produkte aus den unterschiedlichsten Bereichen bekommen und mussten sich dann durch das Geschäft kämpfen. Dabei war nicht nur wichtig, wie schnell sie die einzelnen Artikel gefunden haben, sondern auch, wie gut sie über die Ware und mögliche Zusatzartikel informiert wurden. Auch am Verkaufsfach des Artikels selbst mussten sie diesen aus Kundensicht bewerten. War ein Preis an der Ware? Stimmten Preis und Ware überein? Gab es bei verpackter Ware ein Musterstück zum Ausprobieren für den Kunden? War dies in einem sauberen und funktionstüchtigen Zustand? War die Verkaufsfachgröße ausreichend bemessen oder musste die Ware gequetscht und geschoben werden? War ausreichend Ware für den Kunden vorhanden?

Sie durchliefen den kompletten Verkaufsprozess. Bezahlten die Ware an der Kasse und leiteten dann den Reklamationsprozess ein, indem sie die Ware wieder zurückgaben. Das wurde regelmäßig durchgeführt. Wichtig ist, dass Testkäufe nicht durchgeführt werden, um Mitarbeiter zu kontrollieren, sondern um Schwachstellen im System aufzudecken. Wenn Fehler dazu benutzt werden, um daraus zu lernen, kommen Mitarbeiter auch von selbst und erzählen von ihren Einkaufserlebnissen im eigenen Geschäft und wo sie noch Verbesserungsmöglichkeiten gesehen haben.

Wenn Sie nur ein kleines Geschäft haben, können Sie Freunde, Bekannte und Kunden ermuntern, Ihnen ihre Einkaufserlebnisse zu schildern. Versuchen Sie bei der Auswahl der Personen von Alter, Geschlecht und Präferenzen, Ihre gesamte Zielgruppe abzudecken. Lassen Sie Ihre Kunden frei ihre Erlebnisse schildern, hören Sie nur zu und nehmen die Dinge auf. Bewerten Sie nichts und rechtfertigen Sie sich auch nicht. Um so freier wird man Ihnen Auskunft geben. Nicht zuletzt sollte jeder Mitarbeiter, jede Führungskraft und jeder Inhaber so sensibilisiert sein, dass alle das Geschäft immer und zu jeder Zeit auf Mängel hin prüfen und alles, was ihnen auffällt, plus die gesammelten Kundenfragen an den Geschäftsleiter oder die entsprechende Person weiterleiten.

Schlussendlich müssen alle gesammelten Informationen zusammengestellt, nach Zugehörigkeit gruppiert, ausgewertet und in Maßnahmepläne umgewandelt werden. Auch hier bietet es sich an, dass Sie eine Systematik in Form einer Tabelle erarbeiten, wo die Ergebnisse sowie die Maßnahmen mit Zeitziel eingetragen werden. Das erleichtert auf Dauer die Auswertung und auch die für alle transparente Festlegung von Maßnahmen.

Fazit

Testkäufe sind eine hervorragende Möglichkeit, so objektiv wie möglich den Einkaufsprozess aus Kundensicht zu bewerten. Testkäufe sind also ein Mittel zur Beurteilung des Dienstleistungsangebotes eines Einzelhandelgeschäftes aus Kundensicht.

76 Kinderfreundlichkeit bindet alte und neue Stammkunden

Ein Kriterium für Kundenfreundlichkeit aus Sicht der Kunden mit Kindern ist, ob das Geschäft kinderfreundlich ist. Dafür ist es nicht ausreichend, dass der Laden nur eine Kinderspielmöglichkeit anbietet. Für Kunden mit Kindern ist es wichtig, dass der Einkauf mit Kindern in einem Geschäft möglichst stressfrei ablaufen kann. Grundlage ist deshalb auch hier die Erfüllung der Leistungskriterien, die für alle anderen Kunden auch Anwendung finden.

Einkaufen mit Kindern stressfrei gestalten

In immer mehr Familien sind beide Elternteile berufstätig. Wir haben einen hohen Anteil alleinerziehender Mütter und Väter, sodass Kinder häufig zum Einkaufen mitgenommen werden müssen. Sind die Kinder älter, bekommen sie heute in der Regel ein recht ansehnliches Taschengeld, was sie zu einer interessanten Zielgruppe für den Handel macht. Kinder kaufen nicht nur gerne ein, sondern auch die Werbung hat noch einen großen Einfluss auf ihr Einkaufsverhalten. Sie wissen heute schon sehr früh, wann ihnen welche Marke zu mehr Status und Ansehen verhelfen kann.

Gehen Sie auf die Bedürfnisse der Kinder ein, können Sie mit treuen Konsumenten rechnen. Vor allem erfüllen Sie damit auch die Bedürfnisse der Eltern im Hinblick auf ihre Kinder.

Schaffen Sie optimale Bedingungen für Eltern, um Kinder zu binden

Das beginnt beispielsweise damit, dass Sie ausreichend Parkfläche für Eltern mit Kindern zur Verfügung stellen, wenn Sie Parkplätze besitzen. Obwohl nicht in der Straßenverkehrsordnung verankert, hat sich dafür das kleine Symbol des Kinderwagens auf den Parkplätzen durchgesetzt. Diese sind meistens etwas breiter, da Kunden mit Kindern beim Ein- und Aussteigen immer etwas mehr Bewegungsfreiheit benötigen. Es muss möglich sein, die Tür des Autos ganz zu öffnen, um einen Kinderwagen oder Kindersitz einigermaßen problemlos rein- oder rauszuholen. Haben Sie viele Kunden, die mit ihren Kindern zum Einkaufen kommen, ist es lohnenswert, für die zusätzlich benötigten Utensilien über Kundenschließfächer im Ein- oder Ausgangsbereich nachzudenken. Denken Sie an die freien Hände beim Einkauf. Wenn ein Kind dabei ist, wird Ihnen jeder Kunde dafür dankbar sein, nicht auch noch Tüten und Taschen durch das Geschäft tragen zu müssen. Der Einkauf wird entspannter und darf dann auch gerne etwas mehr Zeit in Anspruch nehmen.

Viel zu wenig machen sich Inhaber und Geschäftsführer von Einzelhandelsgeschäften darüber Gedanken, dass Babys und kleine Kinder in relativ kurzen Zeitabständen essen bekommen und gewickelt werden müssen. Entsprechend wenig Geschäfte bieten dafür eine

Lösung an. Und oft sieht man deshalb Mütter, vor allem in größeren Geschäften, die ihre Babys stillen oder wickeln. Es muss nicht gleich ein ganzer Raum sein, der diesen Müttern zur Verfügung gestellt wird. Wichtig ist nur, dass dieser Service überhaupt angeboten wird. Ähnlich verhält es sich mit den Toiletten selbst. Toilettenbrillen für Kinder, die auf eine normal große Toilette aufgelegt werden können, gibt es für wenig Geld zu kaufen. Das erhöht so ganz nebenbei auch die Sauberkeit in den Toilettenräumen. Leider ist dieser Service noch selten in Kundentoiletten zu finden. Ebenso wenig wie ein Kinderwaschbecken oder eine kleine Fußbank für Kinder, damit sie an die großen Waschbecken heranreichen.

Kindersicherheit nutzt den Kunden und dem Geschäft

Haben Sie schon einmal an Kindersicherheit in Ihrem Laden gedacht? Kinder haben Spaß an Bewegung und bewegen sich möglichst intensiv, wann immer es ihnen möglich ist. Haben Sie viele kleine Kunden, ist es für Sie und die Kundensicherheit nur sinnvoll, alle Warenträger abzusichern, die eine Gefahr für die Kinder darstellen könnten. Glas, scharfkantige Ecken, leichtgängige Schubkästen, gefährliche, zum Umkippen neigende Schränke und vieles mehr. Klar soll es im Laden schön aussehen, damit die Atmosphäre stimmt. Arbeiten Sie mit der Sicherheitsausstattung, die die Eltern der Kinder auch zu Hause benutzen können und nehmen Sie gegebenenfalls diese Produkte mit in Ihr Sortiment auf. Kindersicherheitssortimente werden selten zum eigentlichen Sortiment passen. Es ist trotzdem eine Überlegung wert. Sie unterstreichen damit in jedem Fall die Kinderfreundlichkeit im Geschäft.

Checkliste „Kinderfreundlichkeit im Geschäft". Quelle: fotolia

Was Kinder wollen und brauchen und was auch den Erwachsenen nutzt

Kinder wollen alles Greifbare anfassen und berühren. Sie lieben es förmlich und sind dabei völlig ungehemmt. Haben Sie viele kleine Kunden im Geschäft, machen Sie sich diesen Umstand zunutze. Viele der Kinder geben das, was sie einmal angefasst haben, ungern wieder aus der Hand. Damit besteht für Sie eine ziemlich große Chance, dass die Mütter und Väter diese Artikel auch für ihre Kinder kaufen, wenn sie nicht zu groß und zu teuer sind. Überlegen Sie also schon bei der Warenlegung ganz genau, welche Produkte aus Ihrem Sortiment sich für diese unteren Ebenen eignen.

Führen Sie ein Geschäft, das über mehrere Etagen geht? Die Handläufe für erwachsene Menschen an Treppen sind Pflicht. Wie sieht es mit den Handläufen für Kinder aus? Selten gibt es eine Möglichkeit für die kleinen Menschen unter uns, einigermaßen sicher und selbstständig die Treppe rauf und runterzukommen.

Was ist, wenn ein Geschäft sehr beratungsintensive Ware führt? Welche Möglichkeiten werden den Kunden geboten für einen entspannten Einkauf mit Kindern? Womit können sich die Kinder während der Beratung beschäftigen? Haben Sie ein paar Kinderbücher, etwas zum Basteln, ein paar Handpuppen oder anderes, womit die Kinder während des Beratungsgespräches abgelenkt und beschäftigt sind?

Welche Beschäftigungsmöglichkeiten bieten Sie den Kleinen, wenn es an der Kasse oder im Bereich der Warenausgabe mal etwas länger dauert? Und: Planen Sie bei allen Marketingaktionen im Geschäft immer eine kleine Aktion für die Kinder Ihrer Kunden mit ein! Sie können alle Aktionen wunderbar z. B. mit kleinen Gewinnspielen für Kinder verbinden.

Fazit

> Kinder sind nicht nur die Kunden von morgen, sie haben schon heute einen nicht zu unterschätzenden Einfluss darauf, wo ihre Bezugspersonen mit ihnen gemeinsam einkaufen.

77 Wie weibliche Kunden kaufen

Wissenschaftlich belegt ist inzwischen, dass Männer und Frauen von Geburt an im Hinblick auf ihre Biologie, ihre Interessen und auch in ihrem sozialen Verhalten höchst unterschiedlich sind. Dies trifft insbesondere auch auf ihr Einkaufsverhalten zu. Trotzdem wollen dies noch immer wenig Einzelhändler anerkennen und auf die unterschiedlichen Bedürfnisse von Frauen und Männern in ihren Läden eingehen.

Frauen gehen im Allgemeinen gerne einkaufen. Was nicht ausschließt, dass auch sie Bedarfseinkäufe tätigen müssen, die ihnen nicht den größten Spaß machen. Das machen sie in der Regel genauso ungern wie Männer.

Frauen und das Shoppen gehen

Anders sieht es da schon beim sogenannten Shopping aus. Shopping bedeutet für viele Frauen, mit Lust durch die Läden zu streifen, Freude und Entspannung zu finden. Es geht nicht darum, zwingend etwas einzukaufen. Frauen fühlen sich in Geschäften sehr wohl, die eine angenehme Atmosphäre ausstrahlen, die sie für sich selbst oder ihr Zuhause inspirieren, Lösungen und Nutzen bieten. Kurz, die alle Sinne ansprechen und sich nach und nach entdecken lassen. Dabei können schon einmal einige Stunden ins Land gehen. Man kann dieses Verhalten durchaus mit dem der urzeitlichen Sammlerinnen vergleichen. Interessant ist jedoch, wie der amerikanische Marketingspezialist Paco Underhill in seinem Buch „Warum wir kaufen“ nachgewiesen hat, dass eine Frau allein in einem Geschäft durchschnittlich fünf Minuten verbringt. Kommt sie mit einer zweiten Frau, sind es schon acht Minuten. Kommt sie jedoch mit einem Mann, verkürzt sich die Zeit auf ganze vier Minuten.

Wichtig sind neben der angenehmen Einkaufsatmosphäre, dass Frauen ausreichend Platz zwischen den Regalen und in den Gängen haben. Nichts stört Frauen mehr, als von anderen Kunden in irgendeiner Form berührt zu werden. Wir wollen die Möglichkeit haben, uns die Produkte in Ruhe ansehen zu können, sie anzufassen oder auszuprobieren. Da Letzteres, wenn auch nicht so stark, auch für Männer gilt, sollten Sie, wo immer möglich, mit Warenmustern arbeiten. Das erspart Ihnen Ärger über aufgerissene Verpackungen und unnötige Kundenfragen.

Suchen, Wählen, Vergleichen

Ist Ihnen schon einmal aufgefallen, dass viele von uns Frauen stundenlang Verpackungsaufschriften, Sonderangebote, Preise und Ähnliches vergleichen? Jede Information, die wir dabei neu hinzugewinnen, führt dazu, dass wir unsere bisherige Auswahl noch einmal überprüfen. Ist unsere Auswahl mit dieser neuen Information immer noch die passende? Manchmal führt das auch dazu, dass wir trotz langer Prüfung und langen Vergleichen die Ware nicht kaufen. Da reicht schon das Gefühl, dass noch irgendetwas am perfekten Produkt fehlt. Kennt jede Frau vom Schuhkauf. Wir probieren zig Schuhe an und kaufen dann doch kein Paar.

Bestimmt hat jeder von Ihnen schon einmal Frauen an der Kühltheke, dem Obst- und Gemüsestand oder dem Käseregal beobachtet. Selten nehmen sie das erste Produkt, was sie sich angesehen haben. Oft nehmen sie viele Produkte oder Verpackungen in die Hand, sehen sie sich an und legen sie wieder zurück. Irgendwann nehmen sie dann vielleicht auch ein Produkt. Es ist gerade für Frauen sehr wichtig, Produkte in ihrer Funktion zu sehen. Frauen haben ein schlechteres räumliches Vorstellungsvermögen als Männer. Zeigen Sie Lampen, Bilder, Regale so, wie sie beispielsweise in der Wohnung wirken könnten. Geben Sie kreative, aber auch funktionale Anregungen für Ihre Produkte. Denken Sie dabei daran, dass Frauen oft mehrere Aufgaben zu erledigen haben. Familie, Beruf, Haushalt, Ehefrau oder Freundin und Mutter. Wie können Sie ihr also helfen, diese Jobs zu erleichtern oder dabei Zeit einzusparen?

Kommunikationsverhalten von Frauen

Im Gegensatz zu Männern mögen Frauen das Beratungsgespräch mit dem Verkaufsmitarbeiter. Das ist ihre Art des Netzwerkens und Beziehungsaufbaus. So holen sie sich auf einfache Art die notwendigen Informationen. Haben die Verkaufsmitarbeiter gute Fachkenntnisse, wissen vor allem Frauen dies sehr zu schätzen.

Was Frauen gar nicht mögen, ist, sich in Container zu hängen oder sich in Truhen bis in Fußbodennähe bücken zu müssen. Leider findet auch dies in den von Männern geplanten Geschäften wenig Beachtung. Die meisten Frauen haben die obligatorische Handtasche dabei, die ihnen in solchen Situationen bedingungslos vor den Körper oder das Gesicht rutschen. Unabhängig davon, dass das auch nicht wirklich Situationen sind, in denen sich Frau wohlfühlt. Denkt man an ältere Frauen, machen auch gesundheitliche Einschränkungen das Bücken schwer möglich.

Frauen und ihre Männer beim Einkauf

Führen Sie ein Geschäft, in dem Sie es fast ausschließlich mit weiblichen Kunden zu tun haben, sollten Sie darüber nachdenken, wie Sie die eventuell männliche Begleitung ebenfalls für Teile Ihres Sortimentes interessieren können oder aber während des Einkaufs der Partnerin ablenken. So können Sie geschickt die Verweildauer in Ihrem Geschäft von Frauen in Begleitung erhöhen. Männer mögen Technik, Wettbewerbe oder Status erhöhende Dinge. Immer und überall. Ein Männergarten klingt zwar albern, trifft aber in etwa den Kern. Sitzgelegenheiten, die Spielkonsole, ein Fernseher und Zeitschriften, die sich den neuesten technischen Spielereien widmen, lassen sein Herz höher schlagen und die Frau in Ruhe einkaufen. Auch ein Kaffee oder eine kleine Bar bieten sich dazu perfekt an.

Noch ein Wort zum Thema Beschwerden oder Reklamationen von Frauen. Ich höre oft von Händlern, deren Geschäft nicht besonders gut läuft, dass sich aber kaum Kunden beschweren würden. Meine Erfahrung ist, dass sich deutlich weniger Frauen beschweren als Männer, wenn sie mit dem Angebot oder Service in einem Geschäft nicht zufrieden sind. Frauen wechseln einfach das Geschäft. Das Problematische dabei ist, dass sich der an sich für Sie positive Kommunikationsstil der Frauen, nämlich die Mund-zu-Mund-Propaganda, nun ins Gegenteil verkehrt. Sie beschweren sich zwar nicht bei Ihnen, werden aber selbstverständlich mit Freundinnen und Bekannten über ihre negativen Erfahrungen in Ihrem Laden sprechen. Auch diese Frauen werden nun Ihren Laden meiden.

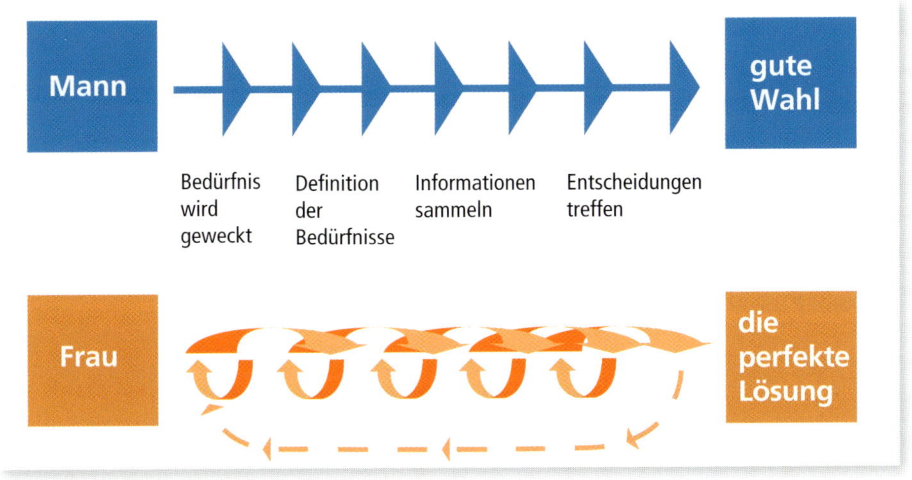

Der Ablauf des Kaufprozesses bei Männern und Frauen.
Quelle: Barletta, Marti, in "Marketing für Frauen" (2003): The spiral path to a woman's purchasing decision

Fazit

Es ist was dran an dem unterschiedlichen Einkaufsverhalten von Frauen und Männern. Dafür sprechen nicht nur die bekannten Stereotype, sondern auch die Erfahrungen jedes einzelnen Konsumenten. Anstatt in eine Für- und Wider-Diskussion einzusteigen, ist es für den Umsatz eines jeden Handelsunternehmens nur positiv, die mittlerweile wissenschaftlich belegten Unterschiede nicht nur anzuerkennen, sondern für mehr Umsatz und Zufriedenheit im eigenen Geschäft zu nutzen. 80 % aller Kaufentscheidungen werden von Frauen getroffen, und Frauen stehen durch ihre zunehmende Berufstätigkeit auch zunehmende finanzielle Mittel zur Verfügung. Wäre es da nicht endlich an der Zeit, dieser Zielgruppe die entsprechende Aufmerksamkeit zu widmen?

78 Wie männliche Kunden kaufen

In Zeiten hoher Scheidungsraten, zunehmender Berufstätigkeit der Frauen und bröckelndem allgemeinen Rollenbild könnte man eigentlich nicht mehr von „typisch männlich" oder „typisch weiblich" sprechen. Fakt ist, dass Männer heute viel öfter einkaufen gehen (müssen), als noch vor 10 oder 20 Jahren. Trotzdem gibt es deutliche Unterschiede gerade im Entscheidungs- und Auswahlprozess beim Einkaufen zwischen Männern und Frauen.

Ich kenne nur wenige Männer, die ähnlichen Spaß am Einkaufen oder Shoppen haben wie Frauen. Allerdings mit Ausnahme der – aus männlicher Sicht – sogenannten Statusprodukte. Geht es um Autos, Uhren, neueste Technik, Wein, Fußballkarten und ähnliche Produkte, geht auch das Männerherz beim Einkaufen auf. Das bedeutet, dass sie natürlich entsprechende Produkte gerne kaufen und bereit sind, dafür viel Geld, sehr viel Geld, auszugeben. Ein Verhalten, das jeden Einzelhändler solcher Produkte aufhorchen lassen sollte.

Der typische Einkauf

Interessanterweise arbeiten viele Männer bei ihrem normalen Einkauf mit einer Einkaufsliste, die sie im Geschäft akribisch abarbeiten. Ich kenne nicht wenige Männer, die sehr genau im Kopf haben, wo sich in diesem Laden was befindet, sodass der Einkauf möglichst effizient abgewickelt werden kann. Es mag lustig klingen, entspricht aber den Tatsachen: Sie sind Jäger und wollen ihre „Beute" so schnell wie möglich finden und an die Kasse gehen können. Damit sie hinter das leidige Thema Einkauf schnell einen Haken machen können. Brauchen sie möglicherweise noch Informationen zu den von ihnen gesuchten Produkten, wird nur ungern im Geschäft selbst danach gefragt. Viel lieber suchen sie sich ihre Antworten im Internet selbst. Falls es gar nicht anders geht, auch aus Informationen, die ihnen der Handel im Laden zum Lesen zur Verfügung stellt. Was aber bedeutet das für den Händler mit einer männlichen Hauptzielgruppe? Da Männer ziemlich genau im Kopf haben, was sie wollen, benötigen sie nicht allzu viel Auswahl. Erfüllt ein Produkt ihre Anforderungen, landet es ohne größere Umschweife im Einkaufswagen. Die Art, wie Frauen immer wieder Waren miteinander vergleichen ehe sie sich entscheiden, ist für die meisten Männer pure Zeitverschwendung. Deshalb verwundert es nicht, dass Männer nur einen Bruchteil der Zeit in einem Geschäft verbringen, den Frauen dort lassen können. Logisch, dass sie sich auch nicht gerne zum Einkauf befragen lassen und erst recht nicht gerne ihre Adresse mitteilen, um über neue Produkte oder Serviceleistungen informiert zu werden.

Männer brauchen schnelle Orientierung und schnelle Auswahl

Für Händler mit überwiegend männlicher Kundschaft macht es also Sinn, für gute und schnelle Orientierungsmöglichkeiten im Geschäft zu sorgen. Haben Sie ein Bekleidungsgeschäft, tun Sie z. B. gut daran, die Umkleidekabinen für Herren gut sichtbar in der Nähe der Herrenbekleidung zu platzieren. Da auch der Kauf von Bekleidung eher als notwendiges Übel angesehen wird, kaufen Männer schneller die gerade anprobierte Hose oder Jacke, wenn sie passen. Schließlich wissen sie bereits, dass ihnen das Kleidungsstück gefällt, da sie sich sonst nicht die Mühe gemacht hätten, es anzuprobieren! Trotzdem legen natürlich auch Männer immer größeren Wert auf gutes Aussehen. Nutzen Sie diese Chance und bieten beispielsweise in Ihrem Bekleidungsgeschäft schöne modische Kombinationen, die eine lange Suche und kompliziertes Auswählen abnehmen. Die Einzelteile dieser Kombination dürfen Sie auf keinen Fall an unterschiedlichen Stellen in Ihrem Laden verkaufen. Bedenken Sie, wie viele Frauen noch heute die Kleidungsstücke von den Socken bis zur Krawatte passend zurechtlegen.

Männer, Preise und Warenvergleiche

Da Männer Produkte nicht so lange und vor allem nicht so intensiv miteinander vergleichen, haben sie Preise nicht so stark im Kopf wie Frauen. Erfüllt also ein Produkt die von ihm gewünschten Kriterien, wird zugegriffen. Männer werden an dieser Stelle höchst selten anfangen, noch die Preise aller infrage kommenden Produkte zu vergleichen. Obwohl ein günstigeres Produkt vielleicht nur knapp daneben zu finden wäre. Sie schauen generell nicht so intensiv auf Preisschilder wie Frauen. Noch seltener tun sie dies, wenn sie Kinder dabei haben. Was die lieben Kleinen schon sehr gut zu nutzen wissen. Männer geben ihr Geld gerne aus, ohne den Drang, zumindest übermäßig sparen zu wollen.

Für immer mehr Männer ist es wichtig, möglichst lange Zeit jung, dynamisch und aktiv zu wirken. Im Job und immer mehr auch in ihrem Privatleben. Das bedeutet, dass sie mehr und mehr Produkte kaufen, die man früher nur Frauen zugeschrieben hätte. Wie zum Beispiel Pflege- oder Kosmetikprodukte. Bedingung ist, dass die Läden oder zumindest die Art und Weise der Präsentation dieser Produkte nicht auffallend weiblich inszeniert sind. Berücksichtigen Sie bei Produkten für Männer Funktionalität und schlichte Sachlichkeit. Sowohl bei der Ladengestaltung als auch in den Beratungsgesprächen mit einem Mann.

Vorsicht ist auch bei neuen Produkten und männlichen Kunden geboten. Männer tendieren dazu, Bekanntes und Bewährtes zu kaufen. Auf das Ausprobieren von neuen Produkten lassen sie sich nicht so gerne ein.

Nicht anders als bei Frauen auch, lohnt es sich, Ihre männlichen Kunden beim Einkaufen zu beobachten. Seien Sie froh um jede Frage, die ein männlicher Kunde in Ihrem Geschäft stellt. Nehmen Sie die Fragen neben Ihren Beobachtungen als Basis, um das Einkaufen für die Männer in Ihrem Geschäft so klar, einfach und rational wie möglich zu gestalten.

Noch eine Anmerkung zum Thema Service für Männer in Einzelhandelsgeschäften: Männer tun sich im Allgemeinen sehr schwer damit, Geschenke zu kaufen. Sie schieben diesen leider manchmal zu bestimmten Anlässen unumgänglichen Einkauf möglichst weit hinaus und stürzen oft erst auf den letzten Drücker in die Geschäfte. Deutlich sichtbar wird dieses Vorgehen beim Weihnachtseinkauf. Wenn sie dann Geschenke kaufen, müssen diese vor allem teuer oder aber groß sein. Oder praktisch, wie z. B. das neueste Bügeleisen oder die neueste Küchenmaschine. Helfen Sie Ihren männlichen Kunden und den Menschen, die sie beglücken wollen, indem Sie interessante Geschenkideen oder Serviceangebote in Ihrem Geschäft vorhalten. Ich bin mir sehr sicher, dass viele Männer diese Möglichkeiten äußerst dankbar aufgreifen werden und gerne ihr Geld bei Ihnen im Geschäft ausgeben.

Fazit

Trotz massiver gesellschaftlicher Veränderungen unterscheidet sich das Einkaufsverhalten von Frauen und Männern in einigen Punkten nach wie vor signifikant. Sie können Ihr Umsatzpotenzial deutlich erhöhen, wenn Sie sich deshalb das Einkaufsverhalten Ihrer Hauptzielgruppe zunutze machen und auch Ihre Ladenplanung dieser Zielgruppe anpassen.

RUND UM DIE MITARBEITER IM VERKAUF

Quelle: Fotolia/Franz Pfluegl

79 Möglichkeiten der Mitarbeitermotivation – mal ohne Gehaltserhöhung

Das Wichtigste für jeden Menschen – und wichtiger als Geld – ist seine Anerkennung. Es gibt unendlich viele Möglichkeiten, Mitarbeiter zu loben oder anzuerkennen. Gefragt ist lediglich ein wenig Kreativität.

Eigentlich ganz einfach – das Lob

Die Einfachste und trotzdem eine der schwierigsten Formen ist das einfache „Lob". Unser Gehirn tendiert dazu, Negatives viel deutlicher und überproportionaler wahrzunehmen als positive Dinge. Genauso geht es uns mit unseren Mitarbeitern. Machen sie ihre Sache gut, ist es normal und fällt nicht weiter ins Gewicht. Machen sie aber Fehler, fällt es sofort auf. Das ist schlecht. Für uns, unser Geschäft und natürlich die Mitarbeiter. Die Quantität und Qualität der Arbeit der Mitarbeiter hängt nämlich ganz wesentlich von ihrer Motivation, ihrer inneren Einstellung zu ihrer Arbeit ab.

Wenn sich Menschen in einem Geschäft bewerben, sind sie zweifellos motiviert, in diesem Handelsunternehmen zu dessen Bedingungen zu arbeiten. Sind sie eingestellt worden, ist es normalerweise Aufgabe des Chefs, ihnen Bedingungen zu bieten, die ihre Motivation aufrecht erhält. Dazu gehört eben auch, Mitarbeiter nicht nur für außergewöhnliche Leistungen zu loben. Sondern auch dafür, dass sie jeden Tag in gleichbleibender Qualität ihren Job erledigen, nie zu spät kommen oder auch im größten Chaos den Kunden noch freundlich und zuvorkommend bedienen. Führen Sie nun keine „Lobstrichlisten", aber unterbewerten Sie diesen Faktor auch nicht im Hinblick auf Ihren Umsatz! Achten Sie einfach einmal ganz bewusst auf die positiven Dinge in Ihrem Geschäft und loben Sie die Mitarbeiter dafür, dass Sie beispielsweise jeden Morgen pünktlich das Geschäft aufschließen können.

Andere Möglichkeiten der Anerkennung

Aus unserer eigenen Erfahrung wissen wir, dass wir uns über eine Prämie oder eine Gehaltserhöhung sehr freuen können. Kurzfristig. Denn schon bald erwarten wir wieder eine Gehaltserhöhung für unsere Leistung oder zumindest aber eine neue Prämie, um weiterhin motiviert zu bleiben. Im Geschäft geht es Ihren Mitarbeitern nicht anders. Agieren Sie wie oben beschrieben, erziehen Sie sich damit Mitarbeiter, die bald schon für ganz normale Arbeiten, für ihre ganz normale Vertragserfüllung eine monetäre Anerkennung erhalten möchten. Bitte verstehen Sie mich nicht falsch. Selbstverständlich plädiere auch ich für angemessene Gehälter bei entsprechend guter Arbeit. Ebenso für Gehaltserhöhungen oder Prämien bei ausgezeichneter Arbeit. Aber kaum ein Geschäft und Unternehmen kann sich diese kontinuierlich leisten. Außerdem bin ich der Meinung, dass die Anerkennung des

Mitarbeiters nicht nur eine Frage des Geldes ist. Das beweisen auch immer wieder durchgeführte Umfragen zur Motivation von Menschen.

Ich habe meine Teams oder Mitarbeiter oft gefragt, was sie sich von mir wünschen, wenn sie eine tolle Leistung erbracht haben. Das führte zu ganz unterschiedlichen, individuellen Wünschen der Teams. Die Logistikabteilung hatte einmal neben ihrer täglichen Arbeit zusätzlich einen Teil des Lagers umgebaut. Das haben sie ganz hervorragend organisiert und umgesetzt. Ihr Wunsch war keine Prämie, sondern eine ordentliche Grillparty für alle. Von mir, ihrer Geschäftsleitung, wollten sie dafür das Fleisch und das Fass Bier gestellt haben. Soweit ich mich an die Erzählungen erinnere, war diese Party sehr lang und ausgelassen. Ein anderes Beispiel: Die Dekorationsabteilung hatte ein paar wirklich gute neue Ideen für unseren Verkaufsraum, die sie ungefragt zum Teil zu Hause erarbeitet hatten und natürlich auch mit großem Einsatz umsetzten. Als Anerkennung wünschten sie sich Karten, um eine Messe für Heimeinrichtung besuchen zu können, zu welcher sie in ihrer Freizeit fahren wollten. Anstatt also den Mitarbeitern meine Vorstellung von Anerkennung aufzudrücken, ließ ich sie in einem bestimmten Rahmen von Möglichkeiten frei entscheiden.

Die Abteilungsleiter in unserem Geschäft hatten oft überproportional viel zu tun, da sie manches Mal ihr eigener bester Mitarbeiter waren. Am schlimmsten war es, wenn der Geschäftsplan zu schreiben war. Dies haben wir zumeist über ein Wochenende gemacht. Aber nicht im Geschäft. Da wir in der Nähe von Bergen waren, haben wir uns eine Skihütte gemietet, uns oft selbst versorgt und hatten neben der Arbeit an unserem Geschäftsplan auch noch ein wunderschönes Skiwochenende mit Party, Spaß und Jagertee.

Mitarbeiterpflege als Unternehmenskultur

An Weihnachten habe ich jedes Jahr jedem Mitarbeiter im Namen der Geschäftsleitung eine von mir persönlich unterschriebene Weihnachtskarte nach Hause geschickt. Keine vorgedruckte Unterschrift! Das war jedes Jahr eine Menge Arbeit. Ich hatte mehrere Hundert Mitarbeiter. Aber es war auch sehr schön, wenn einige von ihnen persönlich zu mir kamen, sich bedankten und sagten, dass sie so etwas bisher noch nicht kennengelernt hatten.

Wenn einer unserer Mitarbeiter krank war, bekamen sie grundsätzlich eine Genesungskarte mit ein paar persönlichen Zeilen. Bei längerer Krankheit einen dicken Blumenstrauß und Besuch von den Kollegen. Sie sollten wissen, dass wir an sie denken und sie gerne im Team wieder willkommen sind.

Wir hatten auch eine Wand, an die Mitarbeiter ein Foto ihrer neugeborenen Babys mit einem kleinen Text dazu anbringen konnten. Das haben Frauen und Männer zu gleichen Teilen genutzt. Sie alle waren stolz, so ihren Nachwuchs den Kollegen präsentieren zu dürfen. Schwangerschaft und Kinder zu bekommen, gehört im Einzelhandel mit einem hohen Frauenanteil einfach dazu. Man kann aus den Problemen auch Möglichkeiten machen.

Interessanterweise hat sich dadurch auch in so einem großen Geschäft wie dem unsrigen so etwas wie eine Familie entwickelt, wo man sich untereinander half, weil man voneinander wusste.

Dies sind nur einige, wenige Beispiele aus meiner eigenen Praxis. Ich denke, sie machen deutlich, dass es ganz viele Möglichkeiten gibt, den Mitarbeitern Anerkennung zukommen zu lassen. Meine Erfahrung ist, dass diese Form oft mehr geschätzt wird als Geld. Die Mitarbeiter merken, dass sie vor allem als Menschen interessieren und geschätzt werden. Das ist doch für jeden von uns sehr motivierend.

Fazit

Natürlich arbeiten wir alle in erster Linie, um unseren Lebensunterhalt zu verdienen. Und natürlich ist die Arbeit in einem Einzelhandelsgeschäft selten ein Spaziergang, auf dem man sich erholen kann. Das wissen auch die Mitarbeiter, wenn sie sich in einem Handelsunternehmen bewerben. Trotzdem möchten sie spüren, dass gute Arbeit anerkannt wird. Nach meiner Erkenntnis und Umfragen bei den Mitarbeitern spielt Geld dabei nicht die vordergründigste Rolle. Es kommt darauf an, dass das Arbeitsumfeld stimmt. Es kommt darauf an, die Motivation, die sie bei ihrer Einstellung hatten, möglichst lange aufrecht zu erhalten. Und dazu gibt es viele Möglichkeiten. Probieren Sie es aus.

80 Stellenbeschreibungen – wichtig für den täglichen Ablauf

Fangen Menschen irgendwo im Handel an zu arbeiten, so ist diese Stelle zumindest in größeren Handelsunternehmen in einem Organigramm festgehalten. Dem Organigramm kann jeder im Unternehmen entnehmen, wie das Unternehmen strukturiert ist. Wie viel Bereiche und Abteilungen es gibt, wer wem unterstellt ist und wer an wen berichtet. Das macht Sinn und sollte Basis für die Organisation eines jeden Handelsunternehmens sein. Auch in kleinen Geschäften. Aber die Aufgaben und Verantwortlichkeiten sind damit noch nicht in Ihrem Geschäft geregelt. Dazu dient die Arbeitsplatz- oder Stellenbeschreibung.

Stellen und ihre Beschreibungen

In einem Handelsunternehmen lautet die zu vergebende Stelle in der Regel: Verkäufer, Erstverkäufer, Substitut, Abteilungsleiter. Immer gängiger werden dafür auch englische Begriffe. Die Aufgaben der Stelleninhaber unterscheiden sich allerdings von Unternehmen zu Unternehmen ganz erheblich! Wie aber wollen Sie im Falle einer neu zu besetzenden Stelle in Ihrem Geschäft den richtigen Bewerber finden? Selbst an einen ganz normalen Einzelhandelskaufmann werden von Geschäft zu Geschäft ganz andere Anforderungen gestellt. Was in einem Laden ganz selbstverständlich zu den Aufgaben eines Verkäufers gehört, dafür muss sich ein anderer Verkäufer in einem anderen Geschäft erst die Genehmigung seines Chefs einholen.

Theorie und Praxis in Handelsunternehmen

In kleineren Handelsunternehmen, die noch sehr oft inhabergeführt sind, machen sich die Inhaber, Unternehmer oder Geschäftsführer selten Gedanken darüber, welche konkreten Aufgaben an welchen Stellen in ihrem Unternehmen zu erledigen sind. Und zwar bevor ein passender Mitarbeiter für diese Position gesucht wird. Das hat zur Folge, dass beispielsweise im Verkauf ein Verkäufer eingestellt wird. Nach der Einstellung soll dieser möglichst nahtlos in die Schuhe des Vorgängers schlüpfen. Dieser hatte aber aufgrund seiner IT-Affinität bestimmte Analysetätigkeiten mitübernommen. Der Nachfolger entspricht zwar der Anforderung, er ist ebenfalls Verkäufer, hat aber keine Affinität zur EDV. Spätestens jetzt hat der Inhaber oder Chef des neuen Mitarbeiters ein Problem. Wer übernimmt denn jetzt die Analysetätigkeit, die er nicht mehr missen möchte? Gibt es jemand anderen mit den gewünschten Kenntnissen im Unternehmen? Muss er dem dann mehr Gehalt zahlen? Müsste er nicht dem neuen Verkäufer etwas vom Gehalt abziehen, da er die Analyseaufgaben nicht mehr mitübernimmt?

Wie Sie diese Herausforderung lösen können

Um Mitarbeiter ihrem Können entsprechend einsetzen zu können und um Ihre Personalkosten so effektiv wie möglich einzusetzen, ist es unumgänglich, dass Sie sich zunächst die einzelnen Aufgaben, die in Ihrem Betrieb zu erledigen sind, im Detail anschauen. Um die spätere Zuordnung zu erleichtern, ordnen Sie die Aufgaben den Bereichen Einkauf, Verkauf, Führung, Logistik, Kundenservice und Controlling etc. zu. Diese Vorgehensweise erleichtert Ihnen auch die Verteilung der Verantwortlichkeiten innerhalb der zu besetzenden Stellen in Ihrem Unternehmen.

Beschreibung der Stelleninhalte

Beschreiben Sie für jede einzelne Stelle in Ihrem Unternehmen:

- Wofür der Stelleninhaber verantwortlich ist.
- In welchem Bereich oder welchen Bereichen.
- Für wen und von wem er die Vertretung übernimmt.
- Welche Stelle/Stellen an ihn berichten.
- Über welche Kompetenzen (Voraussetzungen) er verfügen muss.
- Was ganz konkret zu den Aufgaben des Stelleninhabers gehört.
- Wie die Einarbeitung abläuft und in welchem zeitlichen Rahmen.
- Für welche Position/Positionen auf dieser Stelle Entwicklungsmöglichkeiten bestehen.

Aufgaben den Stellen zuordnen

Für unser obiges Beispiel würde das bedeuten: Sie möchten einen bestimmten Teil des Verkaufscontrollings im Verkauf belassen. Das hat sich bewährt. Außerdem haben und wollen Sie keine eigene Controllingabteilung. Der Mitarbeiter, der diese Position besetzen soll, muss also an dieser Stelle andere Voraussetzungen als alle anderen „Verkäufer" mitbringen. Da es aber schwer sein wird, einen Mitarbeiter zu finden, der diese Anforderungen erfüllt und zu einem normalen Verkäufergehalt arbeitet, wird diese Verkäuferstelle definiert als Entwicklungsposition für einen zukünftigen Abteilungsleiter, Verwaltungsleiter usw. Sie suchen damit nicht mehr nur einen Verkäufer. Sie suchen einen Verkäufer mit dem Potenzial für Führungsaufgaben. Entsprechend haben Sie in der Stellenbeschreibung die Aufgaben und deren Verantwortung dieser Stelle zugeordnet. Damit wäre auch ein höheres Gehalt gerechtfertigt.

Alle Aufgabenbeschreibungen sollten, zugänglich für alle Mitarbeiter, an einem bestimmten Ort im Geschäft zur Einsicht hinterlegt sein. Für Mitarbeiter im Verkauf hat es sich nach meiner Erfahrung bewährt, die Beschreibung der Aufgaben aller ihrer Schnittstellen einlaminiert in einem Ordner im Verkauf zu hinterlegen, um darin schnell nachschlagen zu können.

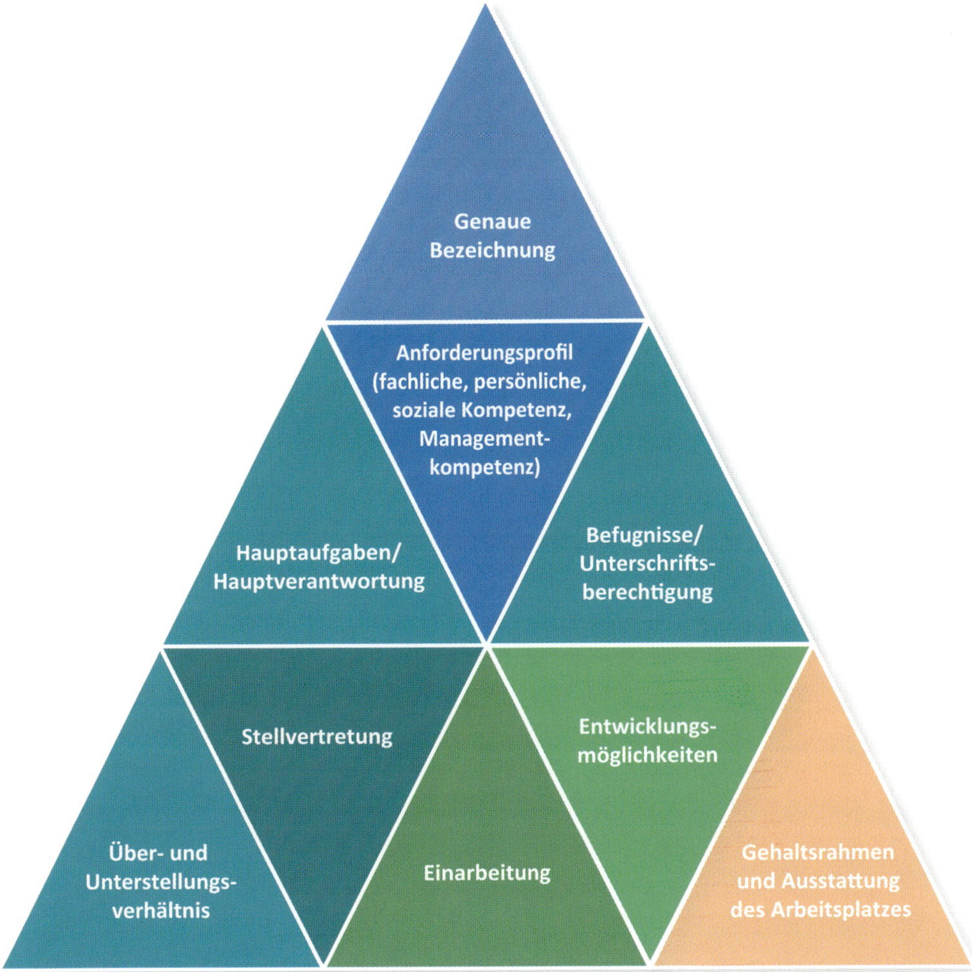

Soll-Inhalt einer Funktionsbeschreibung. Quelle: Iris Skowronek

Fazit

Für einen gut durchdachten und strukturierten Ablauf der Arbeiten in einem Handelsunternehmen ist es unumgänglich, Verantwortlichkeiten und Aufgaben klar zu beschreiben. Das erleichtert Ihnen nicht nur Neurekrutierungen, sondern hilft ebenfalls dabei, qualitativ die richtigen Mitarbeiter an die richtige Stelle im Unternehmen zu setzen. Vor allem aber hilft Ihnen eine Stellenbeschreibung, Doppelarbeiten zu vermeiden. Die Mitarbeiter kennen damit ihre Rechte und Pflichten, kennen aber auch ihre Verantwortung, da sie in der Stellenbeschreibung festgehalten sind.

81 Von der Personaleinsatzplanung durch den Chef zur Selbstplanung durch die Mitarbeiter

Leider wird der Personaleinsatzplanung in kleinen, aber auch in großen Handelsunternehmen noch immer zu wenig Bedeutung beigemessen. Das merke ich vor allem daran, dass diese Aufgabe teilweise sogar Mitarbeitern im Verkauf übertragen wird. Frage ich nach, weshalb die Personaleinsatzplanung von Mitarbeitern und nicht von den Führungskräften durchgeführt wird, bekomme ich oft zur Antwort, dass es festgelegte Rhythmen gäbe und somit die Planung doch ganz einfach wäre. Ist dem wirklich so oder machen es sich hier nicht manche Unternehmen viel zu einfach?

Was heute in den meisten Fällen gemacht wird

Noch immer gibt es in den meisten Unternehmen Arbeitsverträge, die nicht nur die Anzahl der Stunden, sondern auch die täglichen Arbeitszeiten bis hin zum jeweiligen Abteilungsbereich regeln. Mit diesen Arbeitsverträgen können Sie heute im Handel kaum noch überleben. Spätestens seit der Erweiterung der Ladenöffnungszeiten in Deutschland ist jeder Händler gezwungen, mit flexiblen Arbeitszeitmodellen zu arbeiten. Das kommt vielen Mitarbeitern sogar entgegen. Da gibt es Menschen mit kleinen Kindern, die lieber am Vormittag arbeiten wollen und dann gibt es auf der anderen Seite Menschen, vor allem junge Menschen, die ganz gern am Nachmittag oder am Abend arbeiten, um am nächsten Tag etwas länger schlafen zu können. Und Studenten arbeiten lieber am Wochenende. Die Lebensentwürfe der Menschen sind so verschieden wie die Menschen selbst. Leider machen sich genau darüber die wenigsten Unternehmer Gedanken.

Wie Sie zu einer effektiveren Personaleinsatzplanung kommen

Aus Interviews mit vielen, vielen Mitarbeitern des Einzelhandels ist bekannt, dass es der größte Wunsch der Mitarbeiter ist, mehr Hoheit über ihre Arbeitszeiten zu haben. Gerade weil die Arbeitszeiten im Einzelhandel nicht die besten sind, ist es für viele Mitarbeiter schwierig, ihr Privatleben mit den Arbeitszeiten zu verbinden. Personaleinsatzpläne wie oben beschrieben, sind viel zu statisch. Für den Händler und den Mitarbeiter.

Obwohl ich Geschäftsführerin war, hatte ich genau dieses Problem auch, denn ich habe zwei Kinder. Auch ich wollte mal an einem Elternabend teilnehmen oder an dem Geburtstag der Kinder abends zu Hause sein. Somit konnte ich die Bedarfe der Mitarbeiter in meinem Haus mehr als gut nachvollziehen. Meine damalige Personalleiterin Xenia Mohr und ich setzten uns also zusammen und tüftelten wochenlang an einem Plan, der auf der einen Seite die Belange des Geschäftes und auf der anderen Seite stärker die Wünsche der Mitarbeiter miteinbeziehen sollte.

Für das Ergebnis unserer Arbeit bekamen wir 2004 von der damaligen bayerischen Familienministerin Christa Stevens den bayerischen Staatspreis für Frauen und Familie. Ich erwähne das, weil das Ergebnis unserer Arbeit von vielen Kontrollinstanzen, u. a. der Gewerkschaft Verdi, auf Tauglichkeit geprüft wurde. Unser wichtigster Schritt bestand darin, die Vereinbarkeit von Beruf und Privatleben zu fördern.

Was haben wir gemacht und was können auch Sie tun?
Zunächst müssen Sie sich Gedanken machen, wann Sie wie viele Mitarbeiter pro Woche, pro Tag und sogar pro Stunde im Geschäft brauchen. Natürlich sind die Kundenfrequenzen vom Wetter und auch von vielen anderen Dingen abhängig. Hat man eine Weile im Handel gearbeitet, kann man trotzdem ganz gut abschätzen, an welchen Tagen und zu welchen Zeiten es im Geschäft voller oder leerer sein wird. Sie wissen ebenfalls, dass das Geschäft in Ferienzeiten, an Brückentagen, vor Feiertagen oder an Samstagen voller als im Normalfall sein wird. Genauso wissen Sie auch, dass Sie nach einem starken Verkaufstag wie zum Beispiel dem Samstag am Montagmorgen mehr Mitarbeiter benötigen, da die Verkaufsfächer wieder aufgefüllt werden müssen.

Die Detailliertheit ist deshalb so wichtig, damit Sie später Ihre Mitarbeiter auf den Punkt genau einsetzen können. Nur so gehen Sie mit Ihren Personalkosten so effizient wie möglich um. Das kann kein Mitarbeiter und dies ist auch nicht seine Aufgabe! Je nachdem, wie lange Sie Ihre Personaleinsatzplanung im Voraus anfertigen, reicht es zunächst, die Planung für ein bis zwei Monate zu machen. Haben Sie später Unterlagen von einem und mehreren Jahren, können Sie diese zu Hilfe nehmen. Berücksichtigen Sie dann noch die Einflussfaktoren des aktuellen Jahres, ist die Planung recht schnell fertig.

Wie Sie den detaillierten Personalbedarf errechnen
Haben Sie alles richtig gemacht, müssten Sie jetzt beispielsweise sagen können, dass Sie montags von 10 bis 12 Uhr zwei Mitarbeiter brauchen, von 11 bis 14 Uhr drei Mitarbeiter, um auch die Mittagspause abzudecken, von 14 bis 18 Uhr wieder zwei Mitarbeiter und von 18 bis 22 Uhr drei Mitarbeiter. Diese Aussage müssen Sie für jeden Wochentag treffen, an dem Sie das Geschäft geöffnet haben. Da Sie vermutlich keine Mitarbeiter nur für Stunden beschäftigen wollen, werden sich die Arbeitszeiten zum Teil überschneiden. Das ist auch so gewollt. Für einen guten Überblick fertigen Sie sich am besten ein Balkendiagramm an. Software, mit der Sie Balkendiagramme für Projekte anfertigen können, können Sie bei einigen Anbietern kostenlos aus dem Internet herunterladen.

Der nächste Schritt ist das Hochrechnen der Mitarbeiterstunden, die Sie mit dieser Art der Personalplanung für einen Tag, eine Woche oder einen Monat benötigen würden. Diese Monatsarbeitsstunden aus Ihrem Plan vergleichen Sie nun mit den tatsächlichen Vertragsarbeitsstunden Ihrer Mitarbeiter. Brauchen Sie nach Ihrer Planung mehr Stunden, als Sie zur Zeit vertraglich haben, müssen Sie entscheiden, ob Sie zusätzliche Mitarbeiter einstellen können und wollen. Falls nicht, müssen Sie Ihre Planung so lange weiter optimieren, bis die Stunden Ihrer Planung mit den zur Verfügung stehenden Stunden laut der Arbeitsverträge annähernd übereinstimmen.

Notwendige Vertragsänderungen

Möglicherweise werden Sie auch feststellen, dass die Arbeitszeiten Ihrer jetzigen Mitarbeiter nicht mit den zukünftigen Bedarfszeiten übereinstimmen. Weil Sie möglicherweise mehr Teilzeitmitarbeiter benötigen, um besser frequenzangepasst arbeiten zu können. Das bedarf Ihrer unternehmerischen Entscheidung! Es kann durchaus möglich sein, dass Sie nach und nach andere Mitarbeiter einstellen werden. Mitarbeiter, die wie oben beschrieben, entweder vormittags, mittags oder abends zu arbeiten bereit sind oder aber komplett flexibel. Das alles geht natürlich nicht von heute auf morgen, aber es lohnt sich.

Der so vorbereitete Einsatzplan geht nun an die Mitarbeiter. Die Aufgabe der Mitarbeiter ist es, sich im Rahmen ihrer vertraglich vereinbarten Stunden (z. B. 20 Stunden in der Woche)

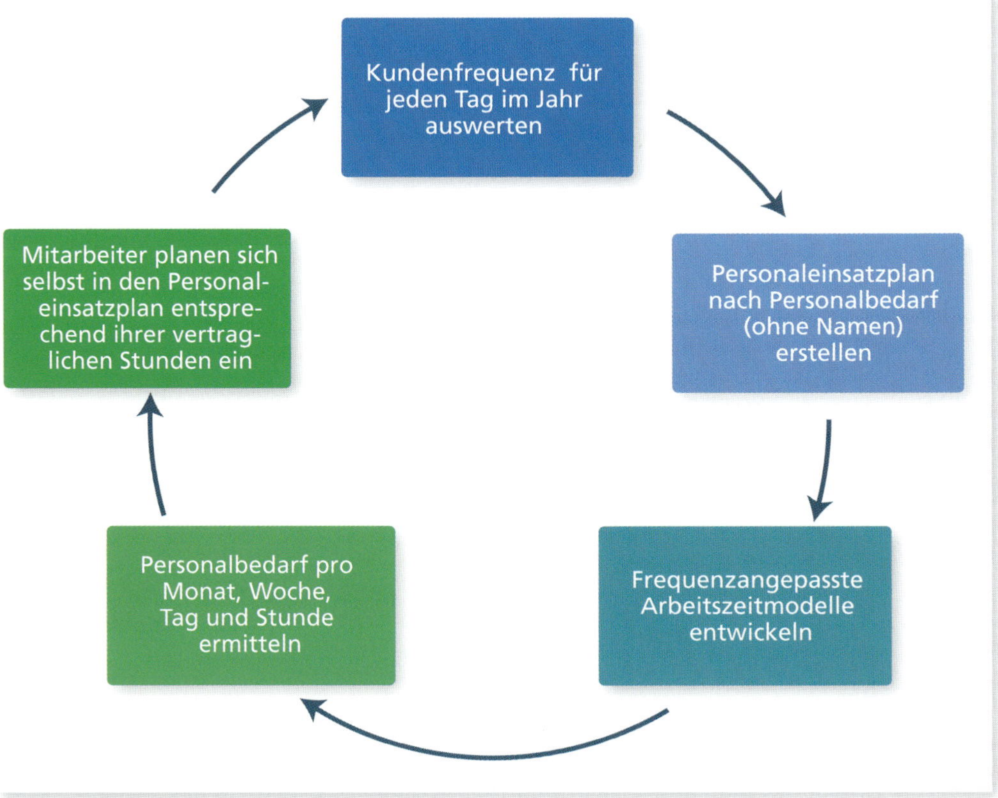

Arbeitsschritte auf dem Weg zur Selbstplanung des Personaleinsatzes durch die Mitarbeiter.
Quelle: Iris Skowronek

für den Monat selbstständig ihren Namen hinter die vorgegebenen Zeiten in diesen Plan einzutragen. Die Zeiten, zu denen eine Führungskraft Mitarbeiter im Verkauf benötigt, sind zwar immer noch vorgegeben. Vorgegeben ist aber nicht, welcher der Mitarbeiter an welchem Tag zu welcher Zeit arbeitet. So können diese zumindest einen Teil ihrer Arbeitszeit mit ihrem Privatleben koordinieren. Um Ungerechtigkeiten vorzubeugen, können Sie in jeder Woche oder jedem Monat einen anderen Mitarbeiter sich als Ersten eintragen lassen. Somit kommt jeder Mitarbeiter einmal in den Genuss der komplett freien Auswahl. Haben die Mitarbeiter später noch Änderungswünsche, regeln sie diese eigenverantwortlich untereinander. Mit dieser Art der „Selbstplanung" erhöht sich bei den Mitarbeitern nicht nur die Selbstverantwortung, sondern auch die gegenseitige Rücksichtnahme.

Fazit

Von der Personaleinsatzplanung durch den Chef zur selbstverantwortlichen Planung durch die Mitarbeiter ist es ein großer Schritt, der Ihnen und den Mitarbeitern sowohl in der Einführung als auch in der Umsetzung einen langen Atem und viel Disziplin abverlangt. Aber hat sich diese Form erst einmal etabliert, werden die Mitarbeiter und auch Sie diese Planung nicht mehr missen wollen.

82 Weshalb Mitarbeiterhandbücher sinnvoll sind

Jedes Unternehmen hat seine eigenen Strukturen und Regeln. Je größer das Unternehmen, je differenzierter sind diese.

So viele Informationen auf einmal

In vielen Handelsunternehmen erhalten die Mitarbeiter vom Chef oder der Personalabteilung am ersten Tag eine kurze Einweisung über die Gepflogenheiten im Unternehmen. Sie ist bei einem fest eingestellten Mitarbeiter deutlich länger als bei einem Praktikanten oder einer Aushilfe. Ich selbst habe den Grund dafür nie verstanden, da doch die Abläufe im Unternehmen für alle Mitarbeiter gleich sind.

Bei der Vielzahl von Informationen, die Mitarbeiter an ihrem ersten Arbeitstag aufnehmen müssen, sind sie damit oft hoffnungslos überfordert. Die Folge ist, dass sie sich am nächsten Tag kaum noch an etwas erinnern können.

Viele Fragen nicht nur an den ersten Tagen

Wie war das jetzt mit den Pausen? Wann und bei wem muss ich mich krankmelden, wenn es mich erwischen sollte? Wo und wann darf ich rauchen? Wie war die Telefonnummer vom IT-Support? Diese und viele andere Fragen beschäftigen die neuen Mitarbeiter, Azubis, Praktikanten, Aushilfen usw. nicht nur in den ersten Tagen. Sondern über Tage, Wochen und manchmal sogar Monate hinweg.

In einigen Handelsunternehmen wird zumindest den fest angestellten Mitarbeitern ein Ordner mit wichtigen Informationen ausgehändigt. Allerdings wird dieser Ordner von der Personalabteilung der Unternehmen erstellt. Woher aber sollen die Mitarbeiter dieser Abteilung wissen, welche Fragen die Mitarbeiter der jeweiligen Bereiche im Detail beschäftigen? Bei allen diesen Ordnern, die ich gesehen habe, blieben viele Fragen offen. Oft waren es sehr einfache, naheliegende Fragen, die schlicht vergessen wurden.

Die Mitarbeiter eines Handelsunternehmens sind genau genommen die Kunden der Personalabteilung. Insofern sollten sie auch so behandelt werden. Dem ist aber in vielen Unternehmen nicht so. Deshalb werden zwar gute Informationsordner erstellt. Sie beinhalten vielfach eben leider nicht alle wesentlichen Fragen, die die neuen Mitarbeiter haben.

Wie eine „Mitarbeiterfibel" entsteht

Zu diesem Ergebnis kamen wir zumindest auch in dem Haus, in dem ich damals als Geschäftsführerin arbeitete. Wir gewöhnten uns an, alle Mitarbeiter nach den ersten Wochen danach zu fragen, welche Fragen sie hatten, die nicht durch unsere Unterlagen beantwortet wurden. Natürlich sammelten wir auch die Fragen, die alle anderen Mitarbeiter immer wieder stellten.

Nach und nach kamen so die für alle relevantesten Fragen zusammen. Fragen, die fast jeder neue Mitarbeiter hatte. Fast alle Fragen waren dabei organisatorischer Natur. Wir sortierten sie nach Wichtigkeit und Bereich. Wir gingen mit diesen Fragen um wie mit ganz normalen Kundenfragen. Auch Mitarbeiter müssen sich mit ihren Problemen ernst genommen fühlen.

Zusammentragen der Daten

Bei genauer Betrachtung waren es immer wieder dieselben Fragen, die sowohl neue als auch alte Mitarbeiter beschäftigen. Das brachte uns auf die Idee, ein kleines Handbuch zu entwickeln. Wir nannten das Büchlein unsere „Mitarbeiterfibel".

Das Mitarbeiterhandbuch – Die FAQs im Geschäft. Quelle: fotolia

Wir nahmen außer den Informationen, die die Mitarbeiter wollten, noch Daten hinzu, die aus unserer Sicht der Dinge für die Zusammenarbeit im Geschäft ebenfalls wichtig waren. Telefonnummern und Adressen der wichtigsten Ansprechpartner im Geschäft wie z. B. Haustechnik, IT-Support, Telefonzentrale, Ansprechpartner für Weiterbildung usw. In dieser kleinen Mitarbeiterfibel haben wir wirklich nur die Dinge angeführt, die die Mitarbeiter täglich oder zumindest recht oft nachgefragt haben.

Ein kleines Buch entsteht

Wir haben unsere kleine Mitarbeiterfibel sogar laminiert, um so deren längere Haltbarkeit sicherzustellen. Auch, um einzelne Seiten schnell auswechseln zu können, wenn sich Namen oder Daten veränderten. Jeder Mitarbeiter hat diese Unterlagen gegen Unterschrift, gemeinsam mit seinem Arbeitsvertrag, bekommen. Damit war abgesichert, dass wirklich jeder Mitarbeiter ein solches Büchlein erhalten hat. Viele Mitarbeiter hatten dieses Büchlein in ihrem Umkleidespind oder trugen es in einer Tasche ihrer Bekleidung täglich mit sich.

Fazit war, dass die Mitarbeiterfragen deutlich zurückgingen und sich neue Mitarbeiter von Anfang an sicherer im Geschäftsalltag fühlten. Ich kann ein Mitarbeiterhandbuch nur jedem Unternehmen empfehlen. Denken Sie aber daran, dass dieses Buch mitbestimmungspflichtig ist, so Sie einen Betriebsrat haben.

Fazit

Möchten Sie oder Ihre Führungskräfte nicht immer wieder jedem Mitarbeiter die gleichen Fragen aufs Neue beantworten, möchten Sie geregelte Abläufe schaffen, um sich Ihrer ursächlichsten Aufgabe, der Führung und Entwicklung Ihres Unternehmens widmen zu können, regeln Sie die wesentlichsten Dinge in den sogenannten Unternehmensrichtlinien. Wie auch immer diese Unterlage einmal aussieht oder heißt, muss sie klar alle do's und dont's im Geschäft regeln. Sie bekommen klare Strukturen und Abläufe im Unternehmen, ohne selbst immer und bei jedem Mitarbeiter vor Ort sein zu müssen.

33 Wie Sie gute Jahresgespräche mit Ihren Mitarbeitern durchführen können

Jeder Mensch arbeitet nur für ein einziges Unternehmen. Dieses Unternehmen heißt ICH. Deshalb möchten wir eine Tätigkeit ausüben, die uns Sinn gibt, durch die wir uns bestimmte Bedürfnisse erfüllen können, die uns aber auch die Gelegenheit gibt, unsere Möglichkeiten und Stärken einzusetzen und zu entwickeln. Wenn Menschen sich ohne äußeren Druck in einem Unternehmen bewerben, dann machen sie das aus einer inneren Motivation heraus.

Forderung und Förderung, um Unternehmensziele zu erreichen

Die Aufgabe für Sie als Unternehmer besteht darin, das Arbeitsumfeld der Mitarbeiter so zu gestalten, dass diese ihre Motivation beibehalten und sich entsprechend ihrer Möglichkeiten entwickeln können.

Im Einzelhandel arbeiten die Mitarbeiter oft sehr eng mit den Inhabern oder Führungskräften zusammen. Man glaubt, vieles voneinander zu wissen. Zumindest so viel, dass jährliche, persönliche Gespräche nicht für notwendig erachtet werden. Dabei wird trotz engster Zusammenarbeit vergessen, dass es sich immer noch um ein Unterstellungsverhältnis handelt. Selbst wenn der Unternehmer oder die Führungskraft glaubt, hier schon freundschaftliche Bande zu spüren. Der Schein trügt. Es mag dem Mitarbeiter vordergründig vielleicht nicht mehr bewusst sein, unterbewusst weiß er sehr genau, wer ihn bei Bedarf auch wieder feuern kann. Die Mitarbeiter werden selten mutwillig so auf Konfrontationskurs gehen, dass sie damit freiwillig für ihre Entlassung sorgen. Und trotzdem gibt es in jedem Unternehmen Probleme, die gelöst werden wollen.

Probleme der Mitarbeiter können aber nur gelöst werden, wenn Sie in Ihrem Unternehmen eine Kultur schaffen, in der man darüber ohne Angst reden kann. Auch darüber, Fehler machen zu dürfen, um daraus zu lernen.

Gesprächsbedingungen für das jährliche Mitarbeitergespräch

Ich halte mindestens ein persönliches Gespräch unter vier Augen pro Jahr mit jedem Mitarbeiter (auch mit Ihren Führungskräften) in einem Unternehmen für notwendig.

Chefs haben ohnehin ganz allgemein den Ruf, zu wenig zu loben und nur bei Fehlern zum Gespräch zu bitten. Mit einem Jahresgespräch, das in einer offenen Atmosphäre geführt werden sollte, können Sie nicht nur die Arbeitsleistungen der Mitarbeiter des letzten Jahres besprechen, sondern diese auch gegenüber den Mitarbeitern würdigen.

Wenn es Ihnen möglich ist, vereinbaren Sie in Abstimmung mit dem Mitarbeiter einen

Termin außerhalb der Arbeitszeit. Dieses Gespräch sollte nicht in einem Topf mit einem anstehenden Kritik- oder anderen Problemgespräch geführt werden. Der einzige Anlass für dieses Gespräch ist das jährlich anstehende Gespräch mit den Mitarbeitern. Eine offene Atmosphäre erreichen Sie nämlich nur, wenn sich der Bauch Ihrer Mitarbeiter bei Terminvereinbarung nicht zusammenzieht. Da diese Gespräche sehr ausführlich sein sollten, sollten Sie ein bis zwei Stunden für Mitarbeiter und zwei bis drei Stunden für Führungskräfte einplanen. Ich vermute, dass jetzt der eine oder andere beim Lesen denkt: ‚Diese Zeit habe ich nie und nimmer! Wenn überhaupt, muss es schneller gehen'. Dazu möchte ich zwei Dinge sagen. Erstens: Sie haben ein Jahr lang Zeit, diese Termine für sich einzuplanen und zweitens sollten diese Gespräche immer die direkten Vorgesetzten der Mitarbeiter führen. Haben Sie eine Organisation über mehrere Hierarchiestufen, können auch der Substitut oder der Abteilungsleiter das Gespräch führen.

Sorgen Sie dafür, dass weder Sie noch der Mitarbeiter während dieser Zeit irgendeinem Termindruck ausgesetzt ist. Halten Sie Getränke und etwas zu knabbern bereit. Führen Sie Protokoll über das Gespräch, welches Sie später für andere unzugänglich in den Personalakten aufbewahren.

Gesprächsinhalte und Vorbereitung

Natürlich sollten sich die Mitarbeiter genauso wie Sie auf das Gespräch vorbereiten können. Sie müssen also wissen, dass es in diesem Gespräch um ihre

- fachlichen Kompetenzen,
- persönlichen Kompetenzen und
- sozialen Kompetenzen geht.

Bei Führungskräften kommen noch die Führungs- und Managementkompetenzen hinzu.

- Wo liegen aus Sicht des Mitarbeiters seine Stärken und Schwächen und wo liegen diese aus Ihrer Sicht?
- Welche Ziele wurden erreicht, welche nicht und aus welchem Grund?
- Was möchte der Mitarbeiter, was können Sie für seine weitere Entwicklung tun?
- Welche drei ganz konkreten Schritte vereinbaren Sie dafür gemeinsam für das folgende Jahr?
- Welche Leistungsziele vereinbaren Sie für die nächsten 12 Monate?

Stellen Sie immer auch die Frage nach der Stimmung im Unternehmen und im Team. Danach, ob der Mitarbeiter sich wohlfühlt und danach, was er gerne verändern würde.

Gesprächsablauf

Ich habe es so gehandhabt, dass ich den Mitarbeitern den Bewertungsbogen vorab zur Selbsteinschätzung gegeben habe. Sie wussten also, worüber gesprochen wird und konnten sich vorbereiten. Das ist wichtig, damit sie ein sicheres und gutes Gefühl während des Gespräches haben.

Im Gespräch selbst haben wir die Selbsteinschätzung des Mitarbeiters und meine Einschätzung von dem Mitarbeiter übereinandergelegt (auf Folie gezogen) und uns so sehr sachlich darüber unterhalten können. Innerhalb dieses sachlichen Dialoges, geprägt von Wertschätzung, war fast jeder Mitarbeiter in der Lage, auch kritischste Einschätzungen anzunehmen. Auch ich. Denn auch ein Chef muss in solchen Gesprächen in der Lage sein, Kritik annehmen zu können. Ich war dankbar für jede sachliche Kritik. Mir war klar, dass es auch den Mitarbeiter Überwindung kostet, Kritik gegenüber dem Chef zu äußern. Viele trauen sich das einfach nicht und vergiften das Geschäftsklima aus dem Untergrund heraus. Denn nur mit offener, ehrlich vorgebrachter Kritik, können Sie Stimmungen im Unternehmen wahrnehmen und Maßnahmen für Veränderungen einleiten. Aber vor allem eine Atmosphäre der Motivation und Leistung erzeugen.

Fazit

Sie werden die Ängste und Sorgen der Mitarbeiter niemals im täglichen Geschäft so gut kennen lernen wie in einem ganz persönlichen Gespräch. Sie werden niemals eine wertschätzendere Situation in einem solchen Gespräch herstellen können, wenn sich beide Seiten nicht offen und ohne Angst auf das Gespräch vorbereiten konnten. Sie werden niemals wissen, was den Mitarbeiter bewegt, wohin er beruflich oder privat möchte, wenn Sie sich nicht die Zeit und Ruhe nehmen, mit ihm darüber zu reden. Führen Sie deshalb ein jährliches Vier-Augen-Gespräch mit jedem Mitarbeiter. Auch auf diese Weise arbeiten Sie an der Weiterentwicklung Ihres Unternehmens.

84 Durch Aus- und Weiterbildung der Mitarbeiter den Unternehmenserfolg sichern

In großen und filialisierten Einzelhandelsunternehmen ist längst erkannt worden, dass Investitionen in die Aus- und Weiterentwicklung der Mitarbeiter sich sowohl im Umsatz des Unternehmens als auch in einem positiven Unternehmensklima bemerkbar machen.

Viele Inhaber kleinerer Geschäfte mit nur wenigen Mitarbeitern erachten diesen Punkt für ihren Laden als weniger wichtig. Sie verlangen zwar ebenfalls eine hohe Motivation und eine hohe Leistungsbereitschaft ihrer Mitarbeiter, erkennen aber nicht ihren eigenen Anteil daran.

Leistung = können, wollen und dürfen

Leistung ist das Zusammenspiel von Können, Wollen und Dürfen. Wenn ein Bewerber zu einem Vorstellungsgespräch in ein Geschäft kommt, dann will er dort arbeiten. Er ist innerlich motiviert, diesen Job, für den er sich beworben hat, zu machen. Die Motivationsfrage ist also in den Vorstellungsgesprächen nicht das Thema. Das Thema ist, ob sein Können ausreicht, diesen Job zu machen. Logisch, dass Sie in diesem Gespräch wissen wollen, ob der Bewerber Ihren Anforderungen entspricht, in Ihr Geschäft und zu Ihrem Team passt. Der Bewerber interessiert sich dafür, ob all die Dinge, die er über Ihr Geschäft gelesen und gehört hat, zutreffen und prüft für sich, ob er unter den Arbeitsbedingungen, die Sie ihm bieten, arbeiten möchte. Kommt es zu einer Einigung, haben Sie einen neuen Mitarbeiter, der motiviert ist, dessen Können Ihren Anforderungen entspricht und der bereit ist, unter den vereinbarten Umständen bei Ihnen zu arbeiten.

Was motivierend für Mitarbeiter ist

Ab sofort ist es Ihre Aufgabe, weiterhin dafür zu sorgen, dass das Arbeitsumfeld des Mitarbeiters so beschaffen ist, dass dieser seinen Fähigkeiten und seiner Motivation entsprechend arbeiten darf. Damit meine ich nicht, dass Sie permanent den Pausenclown spielen müssen, um Ihre Mitarbeiter zu motivieren. Im Gegenteil. Ich bin sogar der Ansicht, dass Motivation generell intrinsisch ist. In meinen Augen muss die Motivation zur Leistungserbringung zu 100 % vom Mitarbeiter kommen. Aber auch Sie als Inhaber, Geschäftsführer oder Führungskraft eines Einzelhandelsgeschäftes haben bei diesem Deal einen Anteil von 100 % zu erbringen. Nämlich für ein gleich bleibend gutes Arbeitsumfeld zu sorgen, in dem die geforderte Leistung möglich ist und die Motivation des Mitarbeiters erhalten bleibt. Monetäre Motivation wie eine Gehaltserhöhung oder eine Prämie sorgen ohnehin nur für kurzfristige Glücksgefühle. Schon nach kurzer Zeit hat sich der Mitarbeiter an die Gehaltserhöhung gewöhnt, auch die Prämie ist im Kopf nicht mehr so präsent und der Tank ist bereit für die nächste Motivationsfüllung. Die Erfahrung zeigt, dass nicht jeder Mitarbeiter nur wegen eines hohen Gehaltes arbeitet. Es gibt viele Menschen, die sich in ihrer Arbeit verwirklichen möchten, die spezielle Fähigkeiten erlernen möchten oder denen ihre Arbeit schlicht und ergreifend einfach Spaß macht. Jeden Menschen beeinflussen andere Werte oder Faktoren, um bestimmte Arbeiten zu machen oder nicht.

Gehen Sie den wirklichen Ursachen für die Motivation Ihrer Mitarbeiter auf den Grund

Führen Sie regelmäßig Jahres- und Entwicklungsgespräche mit Ihren Mitarbeitern durch. Im Unterschied zu den jährlichen Gesprächen geht es in den Entwicklungsgesprächen ausschließlich um die Leistungsbewertung und die Entwicklungsschritte des jeweiligen Mitarbeiters. So bleiben Sie nicht nur mit Ihren Mitarbeitern intensiv im Gespräch, sondern kennen genau deren Motivationsgründe und ihr noch vorhandenes Leistungspotenzial bzw. deren Defizite. Möglicherweise haben Sie bereits jetzt unter Ihren Mitarbeitern den einen oder anderen ungeschliffenen Diamanten und wissen es nur noch nicht.

Vorteile der Weiterbildung von Mitarbeitern

Es lohnt sich also aus verschiedenen Gründen für Sie, in die Aus- und Weiterbildung Ihrer Mitarbeiter zu investieren. Dazu kommt, dass es heute schon lange nicht mehr ausreichend ist, es bei dem einmal Gelernten zu belassen. Die Arbeitsanforderungen wandeln sich um ein Vielfaches schneller als in früheren Jahren. Wir leben in einer Wissensgesellschaft, wo

Regelmäßige Weiterbildungsangebote sorgen für eine hohe Motivation der Mitarbeiter.
Quelle: dfv

das Wissen Macht und damit Wettbewerbsvorteil bedeutet. Außerdem schleichen sich in eintönige und langweilige Arbeitsabläufe über Jahre Fehler ein, die Ihr Schiff ganz, ganz langsam auf Grund laufen lassen, ohne dass Sie es am Anfang sofort bemerken. Die Verkaufsgespräche werden schlechter, die Servicequalität gegenüber den Kunden lässt nach, Ware wird schlechter verräumt und kleinere Dreckecken fallen ebenfalls seltener auf.

Mitarbeiter wollen sich wichtig fühlen, dazugehören, wollen in ihrem Rahmen an Entscheidungen im Geschäft teilhaben und Verantwortung übernehmen. Sie brauchen ein gewisses Maß an Freiheit und damit Anerkennung ihrer sozialen Bedürfnisse.

Kommunikation als Motivationsfaktor

Kommunikation im Geschäft und im Team sind ein wesentlicher Motivationsfaktor der Mitarbeiter. Beides erreichen Sie, indem Sie zum Beispiel ohne großen Zeit- und Kostenaufwand Ihre Mitarbeiter jeden Tag fünf Minuten zu den unterschiedlichsten Themen schulen. Diese Mikroschulungen können im Anschluss an die tägliche Teambesprechung stattfinden oder aber auch separat durchgeführt werden.

Mitarbeiter interessieren sich aber auch für die Umsatzplanung und dafür, ob das Ziel erreicht wird. Mit jährlichen Zielvereinbarungen, die qualitative und quantitative Ziele enthalten sollten, spornen Sie die Mitarbeiter und Ihr Team noch zusätzlich an. Außerdem erhalten Sie ein differenzierteres Leistungsbild der Mitarbeiter.

Fazit

Lassen Sie Ihren Mitarbeitern regelmäßig Weiterbildung zukommen, schaffen Sie sich nach und nach ein hoch motiviertes Leistungsteam mit einer starken Bindung an das Geschäft. Die Mitarbeiter werden einen Teil ihres Selbstwertes aus dieser Förderung ziehen. Sie schaffen sich also ein Team von Mitarbeitern, die genau wissen, welchen großen Vorteil sie mit Ihnen als Arbeitgeber haben. Das verbessert deutlich die Stimmung im Team, sodass die Leistungen kontinuierlich besser werden bzw. gar nicht erst abfallen. Ganz wichtig: Können Ihre Mitarbeiter aktiv mitarbeiten, können Fehler schneller entdeckt und eliminiert werden.

85 Kreative Ziele setzen und erreichen – einmal anders

Immer und überall wird die leidige Zieldiskussion geführt. So ganz ohne Ziele kann man nicht arbeiten, wenn man weiterkommen will. Die Frage ist nur, wie kann man seine Ziele im Geschäft erreichen. Denn Fakt ist, dass die Mitarbeiter das erreichte Ziel weniger wahrnehmen als den Weg dorthin. Den Weg zur Zielerreichung erleben sie in Form der Arbeitsatmosphäre, die währenddessen im Geschäft herrscht. Die nächste Frage, die man sich stellen muss, ist, inwieweit das festgelegte Ziel tatsächlich realistisch ist. Natürlich möchte jeder Einzelhändler in jedem Jahr mehr Umsatz machen als im vergangenen Jahr. Doch sind 5 % realistisch oder 8 % oder 10 %? Und wie demotiviert sind die Mitarbeiter, wenn die Ziele trotz aller Anstrengungen nicht erreicht werden?

Mut zu anderen Wegen

Wir haben auch in diesem Punkt versucht, mit den Mitarbeitern einen anderen Weg zu gehen. Natürlich wollen und müssen Mitarbeiter wissen, wo sie selbst oder ihr Team bei der Erfüllung der Ziele stehen. Das kann ziemlich trocken auf den bekannten Kommunikationswegen geschehen oder aber mal ganz anders. Wir entschieden uns in unserem Haus für eine spielerische Variante.

Wir hatten in unserem Haus immer das Problem, dass wir über den Tag verteilt im gesamten Geschäft wieder und wieder leere Verkaufsregale oder Verkaufskörbe hatten. Das Haus war noch nicht lange eröffnet und die Abteilungsleiter hatten so viel um die Ohren, dass sie mit dem Überprüfen der Verkaufsfachgrößen einfach nicht hinterherkamen. Das kostete uns aber auch Umsatz. Die Überlegung war, eine Zielvereinbarung zur Erhöhung des Umsatzes mit allen Mitarbeitern abzuschließen, die das regelmäßige Auffüllen aller Verkaufsfächer mit beinhalten sollte.

Quelle: fotolia

Das „Containerschwein"-Spiel zur Zielerreichung

Wir entschieden uns für einen anderen Weg und führten das Spiel „Das

Containerschwein" ein. Zu diesem Zweck bekam jede Abteilung zum Start ein Glücksschweinchen, geklebt an ein zylindrisches Glasgefäß und einem Startguthaben von 50 € in Ein-Euro-Stücken. (Für die Glaszylinder in Form von Spielgeld.) Die verschlossenen Glaszylinder nebst Glücksschweinchen mit den Namen der dazugehörigen Bereiche wurden an eine große Tafel im Mitarbeiterbereich angebracht.

Gerechtigkeit durch den Blick als Kunde und als Mitarbeiter

Aufgabe aller Mitarbeiter, auch aus den administrativen Bereichen, war es jetzt, auf Entdeckungsjagd nach freien Verkaufsflächen zu gehen. Natürlich nur im Rahmen von Wegen, die ohnehin zu gehen waren! Die gefundene freie Fläche, das gefundene freie Verkaufsfach wurde der entsprechenden Verkaufsabteilung gemeldet. Da unser Geschäft sehr groß war, hatte die jeweilige Abteilung genau 24 Stunden Zeit, dieses Fach wieder mit Ware zu füllen. Schaffte sie es nicht, floss ein Euro aus ihrem Bestand an die den Hinweis gebende Abteilung. Damit es nicht ungerecht zuging, wurden die Nichtverkaufsbereiche auf andere Art mit in das Spiel einbezogen. Wie schnell konnte beispielsweise die Personalabteilung genehmigte Aushilfen rekrutieren, konnten von einer anderen Abteilung die Preisschilder angefertigt werden und vieles andere mehr. Solche Spiele müssen auf die Gegebenheiten und die Abläufe des jeweiligen Geschäftes natürlich angepasst werden. Wir hatten es geschafft, dass jeder Bereich seinen Beitrag zu diesem Spiel bringen konnte, obwohl es primär doch „nur" um aufgefüllte Regale im Verkauf ging. Wir schafften das auch nur, weil wir jede Abteilung mal aus Kundensicht (was auch eine andere Abteilung im Haus sein konnte) und mal aus Mitarbeitersicht betrachteten.

Das Spiel lief über ein Geschäftsjahr. Am Tag der Abrechnung, am Ende des Geschäftsjahres, wurde das Geld im Zylinder jedes Bereiches verdoppelt. Jede Abteilung konnte damit machen, was ihnen Spaß machte. Bedingung, sie machten es im Team. Manche gingen gemeinsam ins Kino, manche zum Essen, andere veranstalten damit eine Party. Auf jeden Fall war es für alle ein Heidenspaß. Wir haben zu jener Zeit extrem viel gelacht im Haus. Das Schönste aber war, dass es die Mitarbeiter spielerisch geschafft hatten, für volle Verkaufsregale zu sorgen und damit natürlich deutlich den Umsatz erhöht hatten. In jenem Jahr wurden wir das beste Verkaufshaus hinsichtlich aller Zahlen von allen Niederlassungen in Deutschland.

In unserem Haus wurde es so gehandhabt, dass an hochfrequenten Tagen, den sogenannten Peak Days oder Samstagen, alle nicht dringend in der Verwaltung benötigten Mitarbeiter im Verkauf mitaushalfen. So konnte jeder Mitarbeiter, aber auch jeder Abteilungsleiter dieser Bereiche im Notfall noch einen weiteren Job ausführen, z. B. kassieren, gute Verkaufsgespräche führen, an der Information stehen oder anderes mehr. Das war eine Maßnahme zur Zielerreichung, welche wir mit den Mitarbeitern schon im Vorstellungsgespräch besprochen hatten. Sie wussten, dass sich auch ihre Arbeitszeit von montags bis samstags (aller Abteilungen, auch Nichtverkaufsbereiche) verteilte und mindestens die gesamten Öffnungszeiten abdeckten. Was sie dennoch motiviert hat, war, dass sie sich ihren „Zweitjob" im Verkauf bzw. Kundenbereich aussuchen durften.

Ziele erreichen mit kleinem Budget

Ein anderes Mal hatten wir nicht mehr ausreichend Geld in unserem Marketingbudget, um uns einen Act für den Ostersamstag zu kaufen. Kurzerhand nähten Mitarbeiter der Dekoabteilung abwechselnd zwei einfache Hasenkostüme. In diese schlüpften Ostersamstag die Personalleiterin und die PR-Sprecherin unseres Geschäftes und betrieben mit vielen kleinen Ostereiern und Osterhasen im Gepäck Schlangenmanagement an den Kassen und den Beratungsständen. Wie immer an einem Brückentag, war es extrem voll in unserem Geschäft und viele Kunden waren mit ihren Kindern unterwegs. Wenn die Kunden mit den Kindern dann irgendwo anstehen mussten, fingen die Kinder an zu quengeln. Unsere zwei Osterhasen lenkten zwischen all den Wartenden nicht nur die Kinder und deren Eltern oder Begleitung ab, sondern konnten auch noch viele Fragen zum Sortiment und zum Geschäft beantworten.

Fazit

Ziele setzen und Ziele erreichen kann man im Geschäftsleben auf die unterschiedlichste Art und Weise. Wir haben versucht herauszufinden, was für die Mitarbeiter noch wichtiger war als Geld. Und in Mitarbeiterbefragungen sagten sie uns immer wieder, dass vor allem die Unternehmenskultur und die Arbeitsatmosphäre entscheidend zur Arbeitszufriedenheit beigetragen hatten. Dies haben wir berücksichtigt, wenn es darum ging, Ziele zu setzen und Ziele zu erreichen.

Geld motiviert eben immer nur für kurze Zeit. Im Einzelhandel kann man sich keine üppigen Gehälter oder Bonusausschüttungen leisten. Seine Ziele erreichen und trotz wirklich harter Arbeit auch motivierte Mitarbeiter haben, gelingt auch über andere als die üblichen Mittel.

86 Verkaufen will gelernt sein

Kennen Sie eigentlich die Kaufmotive und Wünsche Ihrer Kunden? Wenn Sie regelmäßig die zehn häufigsten Kundenfragen, wie in einem meiner Tipps erwähnt, sammeln, sind Sie schon sehr gut unterwegs. Schließlich steckt hinter jeder Frage ein Wunsch und hinter jedem Wunsch ein persönlicher Bedarf.

Mitarbeitern Verkaufsgespräche erleichtern

Fragt ein Kunde nach einem Auto, so möchte er zunächst nur einen fahrbaren Untersatz, mit dem er sich frei bewegen kann. Sein Nutzen ist die Unabhängigkeit von öffentlichen Verkehrsmitteln. In der Regel möchten die Kunden sich mit ihrem neuen Produkt aber auch noch wohlfühlen. Im Falle unseres Autos soll es noch ein gewisses Maß an Sicherheit und Bequemlichkeit bieten. Und nicht zuletzt müssen die Waren den Kunden gefallen. Kunden wollen stolz und zufrieden mit ihrem neuen Produkt sein und wenn möglich, soll es sogar noch ihre eigene Attraktivität erhöhen.

Führen Sie kein Selbstbedienungsgeschäft, sondern ein Geschäft, in welchem Beratung das A und O im Verkauf sind, ist es wichtig zu wissen, mit welchen Fragen Sie genau diese Wünsche Ihrer Kunden ermitteln können. Wünsche nach dem Gebrauchs-, dem Gefühls- und dem Prestigenutzen, den sich der Kunde durch den Kauf verspricht. Gehen Sie Ihre Waren durch. Sie werden bei jedem Produkt eine Aussage zu dem Gebrauchs-, dem Gefühls- und dem Prestigenutzen finden. In unterschiedlichen Anteilen, aber immer vorhanden. Um den Mitarbeitern die Verkaufsgespräche zu erleichtern, ist es sinnvoll, diese drei Nutzenarten schon mit in die Produktanalyse aufzunehmen.

Wie viel Nutzen erwarten die Kunden von Ihrem Geschäft?

Die Kunden kommen zwar in erster Linie mit dem Wunsch nach einer bestimmten Ware in unser Geschäft. Doch zur Erfüllung dieses Wunsches hoffen sie, auch einen Nutzen in dem von Ihnen aufgesuchten Geschäft zu finden. Das bedeutet, dass sie eine gute Sortimentsauswahl erwarten, dass sie vor allem aber gute Fachkompetenz und gute Beratung durch die Verkäufer erwarten und gleichzeitig freundlich behandelt werden möchten.

Richtig gute Verkaufsgespräche gibt es immer noch recht selten. Viel zu oft führt der Kunde mit seinen Fragen das Gespräch. Möglicherweise können Sie zwar alle Fragen korrekt beantworten, laufen aber Gefahr, dass der Kunde trotzdem unverrichteter Dinge das Geschäft wieder verlässt. Sie haben seine Wünsche nicht erkannt. Sie haben das Gespräch nicht mit Ihren Fragen geführt.

Clevere Fragen im Verkaufsgespräch

Nur Mut, versuchen Sie, mit den Kunden ins Gespräch zu kommen. Versuchen Sie vor allem mit Ihrer weiblichen Kundengruppe locker und natürlich ins Gespräch zu kommen. Männer mögen seltener das lockere Gespräch. Dafür interessieren sie sich brennend für Zahlen, Daten und Fakten. Achten Sie dabei darauf, dass Sie im Gespräch möglichst viele offene Fragen stellen. Offene Fragen sind alle Fragen, die mit einem „W" beginnen. Zum Beispiel: Wozu soll es passen? Worauf legen Sie bei diesem Produkt wert? Wozu möchten Sie die Ware benutzen? Welche Informationen kann ich Ihnen zusätzlich geben? Welchen Anforderungen muss die Ware gerecht werden? Mit diesen und ähnlichen Fragen können Sie ziemlich genau ermitteln, wonach der Kunde sucht. Da Sie mit geschickter Fragestellung auch jeden Nutzen herausbekommen, den der Kunde vom Produkt wünscht, sind Sie in der Lage, verschiedenste Alternativprodukte anzubieten. Um bei unserem Beispiel zu bleiben: Ist für unseren Kunden die Sicherheit eines Autos wichtiger als das Prestige, welches er mit dem Wagen erlangen könnte, ist vielleicht ein anderes Modell als das zuerst gezeigte noch interessanter für ihn. Diese tiefer gehenden Fragen können Sie den Kunden für wirklich jedes Produkt stellen. Je mehr der Kunde auf Ihr Gespräch eingeht, d. h. je kleiner die Details werden, über die Sie sich unterhalten, je höher wird seine Kaufbereitschaft.

Verkaufsgespräch bei Bailly Diehl in Hanau. Quelle: TextilWirtschaft, Thomas Fedra

Darf es noch etwas mehr sein?

Nun, da Sie exzellente Verkäufer sind, wollen Sie auch noch ein Zusatzprodukt verkaufen. Dies können Sie dem Kunden als Empfehlung anbieten, indem Sie sagen: Zu diesem Produkt passt sehr gut ..., ich empfehle Ihnen dazu ..., eine sehr gute Ergänzung wäre ... usw., usw. Sie können das Zusatzprodukt auch mit einer Frage anbieten. Zum Beispiel: Wie wäre es mit ..., Haben Sie schon ..., Wollen Sie dazu ... usw., usw. Zu einem Hemd gehört die Krawatte, zu einer Hose der Gürtel, zu einem Glas der Untersetzer und zum Garderobenhaken gehören die passenden Schrauben. Nicht jeder Kunde wird dieses Angebot nutzen. Doch stellen Sie sich vor, wie viel mehr Sie an Umsatz im Jahr machen, wenn es jeder Ihrer Mitarbeiter schafft, am Tag nur ein oder zwei Kunden ein Produkt mehr zu verkaufen? Da lohnt sich doch jedes Verkaufstraining.

Mit Einwänden gut umgehen und negative Äußerungen nicht verstärken

Ein angstbesetztes Thema sind für viele Verkäufer während des Verkaufsgespräches die Einwände der Kunden. Nicht jeder Kunde ist mit seinen Aussagen unbedingt sensibel gegenüber Verkäufern. In der heutigen Zeit der Schnäppchenjäger ist wohl der meistgehörte Satz: „Das ist mir zu teuer". Was machen viele Verkäufer dann? Sie suchen für den Kunden eine preiswertere Alternative. Das können Sie später immer noch machen. Viel wichtiger ist es, an dieser Stelle danach zu fragen, welche Eigenschaften das Produkt haben sollte und worauf der Kunde ganz besonderen Wert legt. Damit eröffnen Sie sich die Möglichkeit, dem Kunden Alternativprodukte vorlegen zu können, die die gesuchten Eigenschaften ebenfalls aufweisen, aber im Preis nicht unbedingt niedriger liegen müssen. Erstens ist dann der Preisunterschied gar nicht so erheblich und zweitens laufen Sie nicht Gefahr, dass der Kunde das billige Produkt auch ablehnt, weil nun die gewünschten Eigenschaften fehlen. Trainieren Sie sich und Ihren Mitarbeitern an, niemals negative Äußerungen der Kunden zu verstärken, indem Sie nach dem Grund fragen. Weshalb ist dem Kunden das Produkt zu teuer, warum gefällt ihm die Ware nicht usw.? Gehen Sie lieber so vor, dass Sie sich nur auf das konzentrieren, was der Kunde positiv an dem Produkt oder der Ware findet. So verstärken Sie das, was er ohnehin schon gut findet und können sich Schritt für Schritt an das Wunschprodukt Ihres Kunden heranfragen.

Fazit

Auch ein gutes Verkaufsgespräch führen zu können, will gelernt sein. Wie schnell findet sich sonst der Mitarbeiter in der Rolle des sich Rechtfertigenden vor? Dafür gibt es aber in einem normalen Verkaufsgespräch keinen Grund. Viele Gründe gibt es hingegen dafür, genauer nach den Kundenwünschen zu fragen. Nur wenige Verkäufer können das ohne regelmäßiges Training.

87 Wie sich Mitarbeiter zu einem Team entwickeln

Wie viele andere Themen auch, wird von vielen, vor allem jungen Führungskräften, der Ablauf der Teambildung völlig unterschätzt. Was genau passiert in der Phase nach der Einstellung der Mitarbeiter?

Auch ich kannte diese Phasen bis zu meiner ersten Geschäftseröffnung nur in der Theorie und glaubte damals, durch entsprechendes Führungsverhalten meinerseits einzelne Phasen stark verkürzen zu können. Zwischenzeitlich habe ich zwei sehr große Einzelhandelsgeschäfte eröffnen dürfen und musste feststellen, dass jede Phase ihre Zeit braucht, bis sie in die nächste übergehen kann. Aus heutiger Sicht kann ich nur davor warnen, bei komplett neuen Teams, und seien es nur Projektteams, zu früh ein disqualifizierendes Urteil über die Mitarbeiter oder die Führungskraft zu fällen!

Viele Unternehmer, die ein Einzelhandelsgeschäft eröffnen, waren vorher nie über einen längeren Zeitraum in einer Führungsposition tätig. Noch seltener haben sie überhaupt schon einmal ein komplett neues Team zusammengestellt. Sie sind sehr gute Betriebswirte, sehr gute Einzelhändler und Verkäufer und glauben in vielen Fällen, dass das Führen von Menschen eine einfache Sache wäre. Schließlich ist man ja Chef, hat die Macht und das Sagen. Um ein Geschäft oder einen Bereich verantwortlich zu führen, reicht es aber nicht, viele Fachkenntnisse aneinanderzureihen. Der Erfolg basiert auf intensiver Kooperation mit den Mitarbeitern und darauf, dass jeder Mitarbeiter seine individuellen Stärken in das Unternehmen, das Geschäft mit einbringen kann. Mit der Rekrutierung der Mitarbeiter haben Sie zwar in der Theorie ein Team zusammengestellt, in der Praxis sind sie das aber noch lange nicht.

B. W. Tuckmann beschrieb 1965 einen Teamentwicklungsprozess, den ich genau so in der Praxis mehrfach erlebt habe. Deshalb werde ich die von Tuckmann beschriebenen vier Phasen als Grundlage meiner Erläuterung nehmen.

Die Kennenlernphase

Nach ihrer Einstellung werden sich die Mitarbeiter gegenseitig beschnuppern und testen. Alles ist neu. In dieser Kennenlernphase sind die Mitarbeiter sehr vorsichtig, diszipliniert und höflich miteinander. Sie versuchen, ihre Rolle im Team zu finden, probieren aus, welche Reaktion sie auf welches Verhalten bekommen. In dieser Phase sind Sie als Chef und Ihre Führungskompetenzen sehr stark gefragt. Das Team braucht Regeln und Ziele. Jemanden, der ihnen Strukturen vorgibt und Entscheidungen treffen kann. Sie wollen von Ihnen ganz genau wissen, was sie wann und wie zu machen haben. Andere werden sich nicht trauen zu fragen und sich so verhalten, wie sie glauben, dass es richtig ist. Auch das müssen Sie in dieser Phase erkennen und gegebenenfalls steuernd eingreifen, ohne dieses Verhalten gleich als Fehlverhalten zu bewerten.

Ich halte es für wichtig, dass die Mitarbeiter von Anfang an über die Phasen, die sie im Team durchlaufen werden, offen informiert werden. Reflektieren Sie das, was gerade im Team passiert, immer wieder gemeinsam. Versuchen Sie, so nicht nur ein Verständnis für den Entwicklungsprozess des Teams zu bekommen, sondern auch die gemeinsame Motivation, daran zu arbeiten.

Die Phase der Stürme und Gewitter

Eine der schwierigsten Phasen entsteht dann, wenn das Team versucht, Grenzen auszuloten. Ich vergleiche das gerne mit der Pubertät, wenn Kinder erwachsen werden. Es beginnt die Zeit der Gruppenbildung, unterschwelliger und offen ausgetragener Konflikte. Die Alphatiere unter den Mitarbeitern kommen langsam aus der Versenkung und wollen sich ihren Status in der Gruppe sichern. Macht- und Konkurrenzdenken flammen massiv in und zwischen den Gruppen auf. Auch Inhaber, Geschäftsführer und andere Führungskräfte bleiben leider nicht verschont. Das Führen der Grüppchen wird jetzt schwieriger, da diese zu vielen Entscheidungen der Geschäftsleitung eine oppositionelle Haltung einnehmen. Je nachdem, wie viele neue Mitarbeiter Sie für die Eröffnung Ihres Geschäftes einstellen, ist diese Phase für alle Beteiligten sehr anstrengend und zum Teil frustrierend, wenn auch von Team zu Team unterschiedlich lang. Sie lernen in dieser Phase vor allem eins: Ihre Konfliktkompetenz zu trainieren. Aus meiner Erfahrung heraus kann ich Ihnen nur empfehlen, den Prozess der Teambildung auch in dieser Phase mit den Mitarbeitern zu thematisieren. Gleichen Sie immer wieder gegenseitige Erwartungen und die Möglichkeiten zu deren Erfüllung mit dem Team ab. Wichtig ist auch zu überlegen, ob und wann Sie sich vor den Karren spannen lassen und sich in die kleinen Machtkämpfe einmischen. Ich denke, es ist wichtig, die Dinge zu beobachten und unter Kontrolle zu haben. Gelöst werden sie in den meisten Fällen in den Teams und Gruppen eigenverantwortlich.

Führen Sie mehrere Geschäfte, haben aber selbst noch keines eröffnet, sind diese Phasen der Teambildung unheimlich schwer nachzuvollziehen. Sollte also einer Ihrer Filialleiter während einer Geschäftseröffnung gerade diese Phasen mit seinem Team durchlaufen, brechen Sie nicht die Lanze über ihn. Bedenken Sie vielmehr, dass diese Führungskraft gerade auf höchstem Niveau einen zusammengewürfelten Haufen Menschen unterschiedlichster Erwartungen und Werte zu einem Team formt. Und dass jedes Team auch diese schwierige Phase durchlaufen muss.

Die Phase der Ordnung und Disziplinierung

Die Phase der Kriegsführung ist langsam vorbei, es wird ruhiger und es beginnt sich allmählich das zu formen, was man tatsächlich ein Team nennen kann. Die Phase ist dadurch geprägt, dass die Mitarbeiter beginnen, ihre eigenen Gruppenspielregeln festzulegen. Unterschiedliche Meinungen sind keine Kriegserklärungen mehr, sondern können sachlich aufgenommen und besprochen werden. Auch die oppositionelle Haltung gegenüber Ihnen oder der Geschäftsführung und Ihren Entscheidungen werden nach und nach abgebaut. Es entsteht endlich so etwas wie ein Wir-Gefühl unter allen Beteiligten.

Die Phase des Erfolgsteams: Eine Olympiamannschaft ist entstanden

Das ist die Phase, in der es richtig Spaß macht, im und mit dem Team zu arbeiten. Alle haben ihre Rollen weitestgehend akzeptiert. Die Mitarbeiter kennen ihre Stärken und ihre Schwächen. Hilfsbereitschaft, Kreativität und Leistungsfähigkeit sind auf einem hohen Niveau angelangt, sodass an gemeinsamen Aufgaben und Zielen gearbeitet werden kann. Probleme können konstruktiv gelöst werden.

Leider vollzieht sich dieser Prozess der vier Phasen weder gradlinig noch ohne Rückschläge. Menschen funktionieren nicht wie Maschinen. Machen Sie sich bewusst, dass Ihr Team unter den veränderten Arbeitsbedingungen den Teambildungsprozess im Schnelldurchlauf noch einmal machen wird. Seien Sie darauf vorbereitet und besprechen Sie mit Ihren Mitarbeitern im Team alles, was gerade passiert. Nur so werden Sie das notwendige Verständnis aus dem Team erhalten und gemeinsam Lösungsmöglichkeiten erarbeiten können.

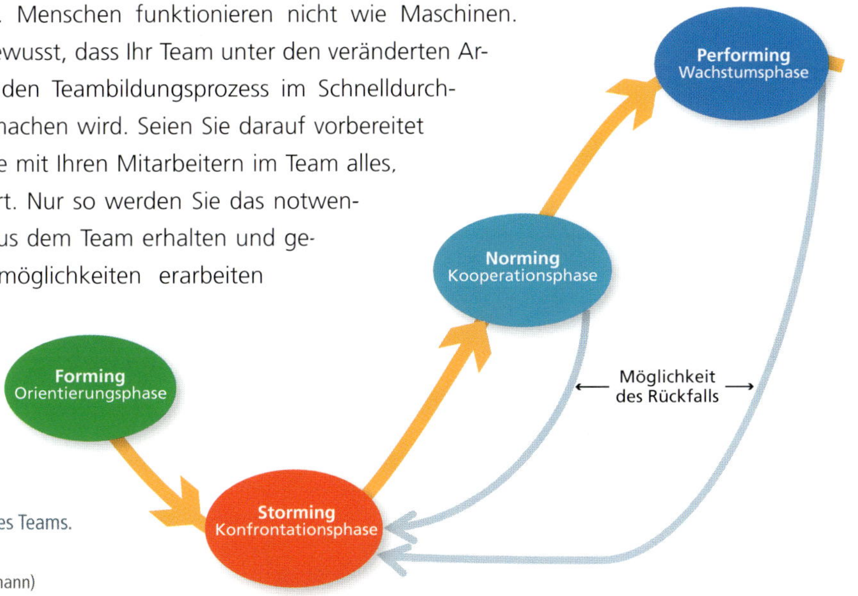

Die unterschiedlichen Entwicklungsstufen eines Teams.
Quelle: Iris Skowronek,
(Teamphasen nach B.Tuckmann)

Fazit

Ein Team ist niemals von Anfang an ein richtiges Team. Menschen, die aus verschiedenen „Welten" kommen, verschiedene Werte und Kulturen verinnerlicht haben, benötigen ihre Zeit, um sich auf neue Spielregeln, neue Werte und andere Formen der Zusammenarbeit einzulassen. Sie durchlaufen, während sie ein Team werden, immer diese vier unterschiedlichen Phasen. Die Länge jeder Phase ist dabei vollkommen unbestimmt. Es ist im Interesse aller an diesem Prozess Beteiligten, diese Phasen und ihre Auswirkungen immer wieder zu thematisieren. Viel Erfolg mit Ihrem Olympiateam!

88 Gleicher Informationsstand durch das Infotelefon

Mit den eigenen Mitarbeitern im Geschäft im Gespräch zu bleiben, ist im Einzelhandel gar nicht so einfach. Im Prinzip müsste man als Eigentümer oder Geschäftsführer eines Einzelhandelsunternehmens rund um die Uhr im Geschäft sein, um jedem Mitarbeiter wenigstens einmal am Tag zu begegnen. Durch die Erweiterung der Ladenöffnungszeiten sind viele Geschäfte gezwungen, ihre Mitarbeiter in Schichten arbeiten zu lassen. Da kann es dann durchaus passieren, dass manche Mitarbeiter über längere Zeit keinen Kontakt miteinander haben. Aber nicht, weil jemand von ihnen krank oder im Urlaub ist, sondern weil sie einfach in unterschiedlichen Schichten arbeiten. Die Aufgabe für jeden Inhaber und jede Führungskraft bei solchen Arbeitszeitmodellen besteht darin, die Kommunikation untereinander zu gestalten, Teammeetings durchführen, Ausbildungen zu planen oder aber auch Mitarbeiterfeiern zu organisieren.

Auch ich habe die unterschiedlichsten Varianten erlebt, wie versucht wurde, diese Problematik in den Griff zu bekommen. Trotzdem beginnt jedes Jahr das gleiche Spiel. Bei Mitarbeiterbefragungen wurde als Hauptärgernis immer wieder die fehlende Information oder mangelnde Kommunikation angesprochen. Es gibt keinen adäquaten Ersatz für eine direkte Unterhaltung, für direkten Informationsaustausch. Leider ist er im Einzelhandel fast nicht möglich. Trotzdem hat jeder Mitarbeiter ein Recht darauf, ausreichend informiert zu werden. Ich bin jedoch der Meinung, dass weder die Führungskraft oder der Inhaber alleinverantwortlich in der Bringschuld stehen, noch die Mitarbeiter alleinverantwortlich in der Holschuld. Guter Informationsaustausch kann nur funktionieren, wenn jeder seinen Beitrag dazu leistet.

Das Für und Wider unterschiedlicher Informationsmöglichkeiten im Geschäft

Ich habe die Erfahrung gemacht, dass es äußerster Disziplin von Mitarbeitern und Führungskräften bedarf, Informationen auf dem schriftlichen Weg zur Verfügung zu stellen. Wir haben Informationstafeln angebracht, wir haben Informationsordner angelegt, hatten Pendelmappen, selbst einen Beamer im Mitarbeiterrestaurant. Nichts war wirklich zufriedenstellend. Obwohl wir den Beamer im Mitarbeiterrestaurant am Anfang für eine tolle Idee hielten, was er das letztendlich nicht. Zum Frühstück, Mittag- und Abendessen gehen nun einmal nicht alle Mitarbeiter. Teilzeitmitarbeiter besuchten das Mitarbeiterrestaurant ebenfalls nicht regelmäßig. Und auch bei den Vollzeitmitarbeitern gab es verständlicherweise einige, die ihre Pausenzeiten anders verbringen wollten.

Auch der Versuch mit Informationstafeln scheiterte mehr oder weniger. Diese Tafeln müssen regelmäßig von den Teams gepflegt und aktualisiert werden. Schon nach wenigen

Tagen und erst recht nach ein bis zwei Wochen haben die Mitarbeiter das Gefühl, dass sich nichts verändert. Es ist wie bei den Kunden. Auch Mitarbeiter nehmen diese Informationen nur im Vorbeieilen wahr. Wir sind später dazu übergegangen, diese Tafel nicht mehr für die alltäglichen Abteilungsinformationen zu nutzen. Sondern nur noch für Informationen, die Termine und Informationen für alle Mitarbeiter beinhalteten. Strukturiert nach einzelnen Bereichen, sodass die Mitarbeiter die für sie wichtigen oder interessanten Informationen schnell finden konnten.

Das Infotelefon

Wir wollten den Prozess für alle im Haus vereinfachen und zugleich mit modernen Medien in der Kommunikation arbeiten. So entwarfen wir das Modell des Infotelefons. Voraussetzung dafür ist eine separate, interne Telefonnummer. Diese zu bekommen, ist heute bei den meisten Anlagen kein Problem mehr. Geschäfte mit wenig Mitarbeitern können sich sogar mit einfachen Anrufbeantwortern behelfen.

Informationen für alle und zu jeder Zeit

Mitarbeiter benötigen zwei Sorten von Informationen. Zum einen sind dies Informationen, die ihren eigenen Bereich oder die eigene Abteilung betreffen. Zum anderen Informationen, die das gesamte Geschäft betreffen. Wie zum Beispiel durchzuführende Aktionen, personelle Veränderungen, insbesondere Neueinstellungen, Informationen über sonstige Veränderungen wie Umbauten, neue Sortimente usw. Wir entschieden uns deshalb für ein

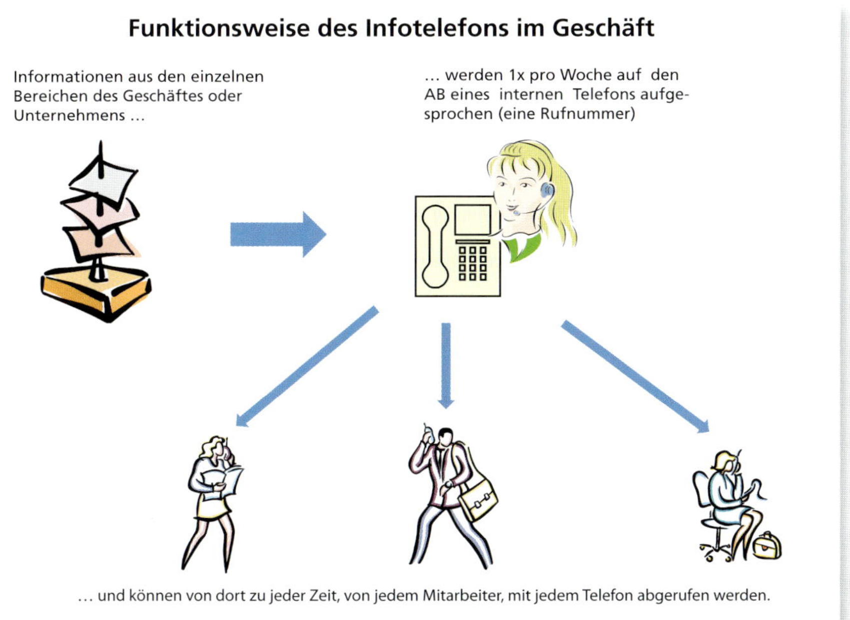

Quelle: Iris Skowronek

zentrales Infotelefon, welches mit Informationen aus jeder Abteilung gefüttert wurde, die für das ganze Geschäft interessant waren. Dieses Telefon wurde einmal in der Woche, und zwar Freitagmittag, mit neuen Informationen besprochen. Wir entschieden uns deshalb für den Freitagmittag, da wir Freitags und Samstags immer noch einige zusätzliche Arbeitskräfte hatten, die nur an diesen Tagen arbeiteten. Denn auch sie sollten die neuen und keine veralteten Informationen bekommen. Eine Mitarbeiterin mit guter Telefonstimme bekam den Auftrag, jeden Freitag die neuesten Informationen aus den einzelnen Bereichen zusammenzufügen und in einem flüssigen Text den Anrufbeantworter zu besprechen. Die Aufgabe der Bereiche war es, dieser Mitarbeiterin bis Freitagmittag die Informationen, die für das gesamte Geschäft interessant sein könnten, zur Verfügung zu stellen. Wichtig war, die Informationen in knackiger, komprimierter Art zusammenzufassen. Wir wollten, dass das Abhören des Anrufbeantworters nicht länger als 10 Minuten in Anspruch nahm. Soweit die Aufgabe der Führungskräfte. Ein Stück Selbstverantwortung für ihre Informationen mussten aber auch die Mitarbeiter übernehmen. Sie waren dafür verantwortlich, zu einem Zeitpunkt ihrer Wahl jede Woche das Infotelefon abzuhören. Da nicht jeder Mitarbeiter jede Woche arbeitete, Mitarbeiter Urlaub hatten oder auch mal krank waren, wurden sehr wichtige Informationen im Rhythmus von 14 Tagen wiederholt. Damit war gewährleistet, dass bei normalen Ausfallzeiten trotzdem jeder Mitarbeiter die für ihn notwendigen Informationen erhalten konnte. Das Schöne für die Mitarbeiter war, dass sie dieses Infotelefon von jedem Telefon innerhalb des Geschäftes aus anrufen konnten. Aus Sicherheitsgründen nur von internen Telefonen!

Bereichsinterne Informationen und Schulungen

Durch die sehr gute Resonanz bei den Mitarbeitern bekam innerhalb kürzester Zeit auch jeder Bereich sein eigenes Bereichsinfotelefon. Nun waren die Bereichsleiter in der Lage, über dieses Telefon nicht nur ihre Mitarbeiter zu informieren, sondern auch Kleinstschulungen durchzuführen.

Fazit

Ein Infotelefon ermöglicht auf einfache und doch bequeme Art, auch bei einem großen Mitarbeiterstamm und unterschiedlichsten Arbeitszeiten allen Mitarbeitern die für sie interessanten Informationen regelmäßig zu vermitteln. Nicht nur das. Die Informationen, die die Mitarbeiter erhalten, gehen weit über das übliche Maß hinaus.

Das Infotelefon war eine weitere Voraussetzung für echte Chancengleichheit in unserem Haus. Alle Mitarbeiter können über den gleichen Informationsstand verfügen, indem sie jede Woche an einem beliebigen Tag ihrer Wahl die Informationen zur Arbeitswoche abhören.

RUND UM ZAHLEN, DATEN UND FAKTEN IM EINZELHANDEL

89 Weshalb die Erstellung eines Businessplanes unumgänglich ist

Wird der Begriff Business- oder Geschäftsplan erwähnt, stellen sich viele Unternehmer diesen ausschließlich im Zusammenhang mit einer Existenzgründung vor. Selbst dann, so glauben sie, wird er nur benötigt für den Kreditantrag bei der Bank, für das Einstiegsgeld, den Gründungszuschuss oder sonstige Darlehen. Sozusagen nur etwas für die Ämter. Sie identifizieren sich in keiner Weise mit diesem Plan, was dazu führt, dass sie ihn mal schnell durch den Steuerberater oder wen auch immer berechnen lassen. Papier ist geduldig; und so können die Zahlen so lange auf dem Papier schöngerechnet werden, bis alles passt und das Geld genehmigt wird.

Weshalb so viele Händler nach kurzer Zeit wieder scheitern

Nein, ich gratuliere Ihnen nicht zur Genehmigung des Geldes für Ihr Geschäft. Nicht, wenn der Businessplan wie oben beschrieben entstanden ist. Ein Unternehmer ist Unternehmer, weil er etwas unternimmt. Sie haben aber schon vor dem eigentlichen Start das Ruder Ihres Schiffes aus der Hand gegeben. Ein Steuerberater kann Ihnen alles berechnen. Was er jedoch nicht kann, ist, Ihnen etwas über Ihren Markt sagen, Ihre Zielgruppe, Ihre Ladenplanung, Ihre Verkaufssteuerung und ob Ihre Zahlen realistisch sind. Genau dort liegt der Haase im Pfeffer. Allzu häufig verlassen sich Unternehmer oder Existenzgründer ausschließlich auf das Papier, was aus dem Drucker des Steuerberaters kommt. Ein paar Monate nach Geschäftseröffnung wundern sie sich dann, weshalb die Kunden nicht kommen, der Umsatz hinter den Erwartungen zurückbleibt und gerade in Gastronomie und Einzelhandel sie das Geschäft bald wieder schließen müssen.

Ich sehe es so, dass diese Unternehmer zu einem großen Teil selbst an ihrem Untergang mitgearbeitet haben. Sie haben sich nur mit der Bedienungsanleitung des Herstellers bewaffnet an das Ruder eines Schiffes gestellt, ohne jemals vorher selbst das Steuern eines Schiffes gelernt zu haben!

Das Steuern eines Schiffes lernt man allerdings nur dann, wenn man sich nicht nur mit dem Schiff, sondern auch mit der Verkehrsordnung für Schiffe, dem Wetter und den Widrigkeiten der See befasst hat. Ähnlich verhält es sich mit dem Führen eines Unternehmens.

Ein Businessplan bzw. ein Unternehmenskonzept gehört zu jedem Geschäft

Zu jedem erfolgreichen Unternehmen gehört ein Businessplan. Mit diesem Unternehmenskonzept strukturieren Sie Ihr unternehmerisches Vorhaben. Sie passen es auf Ihre ganz persönlichen und örtlichen Gegebenheiten an. Sie sind gezwungen, sich Gedanken darüber zu machen, weshalb die Kunden zukünftig ausgerechnet bei Ihnen einkaufen sollen. Sie müssen Ihre Leistungen, die Sie den Kunden bieten wollen, sehr genau beschreiben. Was haben Sie, was andere Händler mit ihrem Sortiment nicht anbieten? Welche Kenntnisse zeichnen Sie aus, um dieses Geschäft erfolgreich zu führen? Wie soll Ihr Laden einmal organisiert sein, wie viele Mitarbeiter wollen Sie beschäftigen? Mit welchem Bildungsgrad und welchen Anforderungen? Was sind Ihre und welches sind deren Aufgaben? Sind diese konkret beschrieben?

Haben Sie eine Marktanalyse durchgeführt? Eine Kundenanalyse? Wie wird sich Ihr Standort entwickeln? Gibt der Markt den von Ihnen geplanten Umsatz in Ihrer Branche überhaupt her? Welche Wachstumschancen haben Sie am Markt? Expansionsmöglichkeiten? Was sind Ihre Chancen, wenn Sie das Geschäft eröffnen, was Ihre Risiken? Haben Sie Notfallmaßnahmepläne, falls eines der Risiken eintrifft?

Kennen Sie Ihre Mitbewerber? Haben Sie versucht, deren Vor- und Nachteile herauszubekommen? Wissen Sie, was diese in naher Zukunft geplant haben?

Wie wollen Sie sich nach außen darstellen? Haben Sie einen Marketingplan erarbeitet, der Ihre Aktivitäten genau beschreibt? Sind die notwendigen Gelder dafür eingeplant?

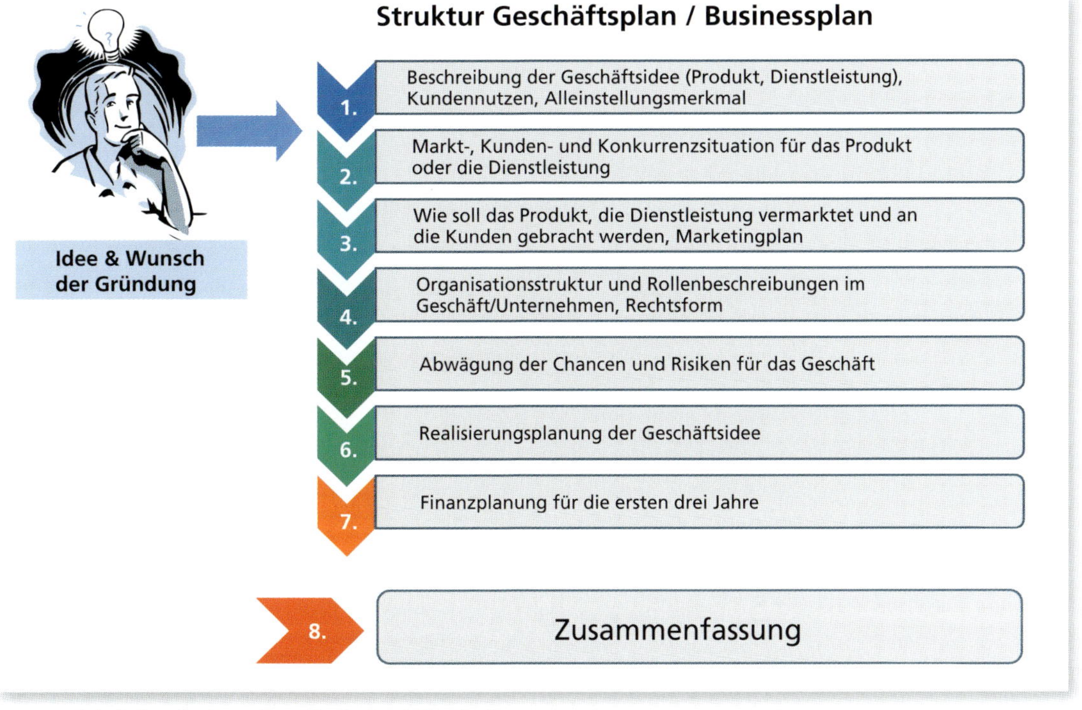

Inhalt eines Businessplanes für die Geschäftsgründung.

Quelle: Iris Skowronek

Wie sieht Ihre Finanzierung für die nächsten Monate aus? Können Sie eine gewisse „saure Gurkenzeit" überstehen oder haben Sie mit der heißen Nadel geplant? Ist der Break even (die Gewinnschwelle) in realistischer Zeit erreichbar? Wann sollten Sie besser die Finger von dem Projekt lassen?

Letztendlich stellt der Businessplan oder Ihr Unternehmenskonzept Ihren ganz persönlichen Leitfaden für Ihre Geschäftstätigkeit im Handel dar.

Welche Unterstützung Sie sich holen können

Wie bereits erwähnt, stellt die Erstellung eines Unternehmenskonzeptes für viele Händler eine große Hürde dar. Hinzu kommt, dass für eine ausführliche persönliche Beratung oft die notwendigen Mittel fehlen. Für diejenigen, die Hilfe beim Aufbau und der Struktur eines solchen Konzeptes benötigen, gibt es umfangreiche Software zu kaufen. Die Software ist sehr allgemein gehalten. Versuchen Sie deshalb immer, Software Ihrer Branche zu erhalten. Eine Futtermittelfabrik zu planen ist eben etwas anderes als ein Einzelhandelsgeschäft für Tierfutter. Für wichtig erachte ich außerdem, dass Ihnen die Software dazu noch viel erklärendes Wissen bietet. Bis hin zu Internetsupportseiten, falls Sie Fragen zum Programm haben. Oder Informationen darüber, wo Sie weitere Informationen zur Erstellung Ihres Unternehmenskonzeptes bekommen.

Unterstützung bieten Ihnen aber auch die IHK, die HWK, das Arbeitsamt, die KfW-Bank, die Wirtschaftsförderung der Städte und Gemeinden sowie diverse Unternehmensberater. Letztere haben leider nicht immer zu Unrecht einen relativ schlechten Ruf. Es ist in der Tat so, dass dieser Beruf nicht geschützt ist und jeder Mensch freiberuflich als Unternehmensberater tätig werden darf. Ich empfehle Ihnen deshalb dringend, sich den Unternehmensberater Ihrer Wahl genau anzuschauen. Vor allem seinen Lebenslauf. Seriöse Berater haben damit kein Problem. Sehen Sie sich an, wie viel praktische Arbeit der Berater aus eigener Erfahrung in Ihrer Branche anbieten kann. Lassen Sie sich Referenzprojekte nennen und nehmen Sie Kontakt mit dem ehemaligen Kunden des Beraters auf. Nur so gehen Sie sicher, dass Sie nicht um Ihr gutes Geld leichter und eine bittere Erfahrung reicher sind.

Fazit

Viele Unternehmer kleiner und mittelständischer Handelsunternehmen glauben, einen Businessplan mache man genau ein Mal, um das Fördergeld der Bank zu erhalten. Deshalb vertrauen sie ihre wichtigste Geschäftsgrundlage ihrem Steuerberater oder oft genug windigen Beratern an. Hauptsache, es kostet nicht viel. Wollen Sie allerdings mittel- bis langfristig am Markt bestehen, werden Sie ohne einen guten Businessplan mit best case- und worst case-Alternativen für Ihr Geschäft nicht überleben können.

90 Warum auf eine detaillierte Budgetplanung nicht verzichtet werden kann

Viele, vor allem kleine Händler, verzichten in ihrem Geschäft auf jegliche Form finanzieller Planung. Sie haben daher nur einen äußerst nebulösen Überblick über ihre aktuelle Kosten- und Finanzsituation. Ich halte dieses Vorgehen für blauäugig, da doch jedem Händler bewusst sein sollte, dass er dauerhaft finanzielle Mittel benötigt, um sein Unternehmen am Leben zu erhalten. Die Budgetplanung ist ein zentraler Bestandteil Ihrer Geschäftsführung, Sie können monatlich Ihren Geschäftserfolg kontrollieren und gegebenenfalls frühzeitig Maßnahmen bei Zielabweichungen einleiten. Auch die Buchhaltung machen Sie nicht für den Steuerberater oder das Finanzamt, sondern für sich selbst. Deshalb gehört zu jedem Unternehmen neben einer korrekten Buchhaltung auch eine Umsatz- und Kostenplanung.

Die Umsatz- und Kostenplanung

Damit Sie zu jeder Zeit und an jedem Tag des Geschäftsjahres den aktuellen Stand Ihrer finanziellen Situation sehen und diese auch einschätzen können, ist es notwendig, für jedes Geschäftsjahr die anfallenden Kosten in Bezug zum voraussichtlichen Umsatz zu ermitteln.

Haben Sie ein laufendes Geschäft, können Sie dies auf Basis der Vorjahresumsätze tun. Eröffnen Sie ein neues Geschäft, müssen Sie den voraussichtlichen Umsatz schätzen.

Budgetplanung für ein bestehendes Geschäft

Sofern vorhanden, nehmen Sie sich die Umsätze der letzten Jahre zur Hand. Diese dienen als Grundlage, als so genannte Basiswerte. Unter Berücksichtigung von Veränderungen wie

- Geschäfts- oder Sortimentsveränderungen im eigenen Unternehmen,
- Veränderung der Marktsituation,
- Veränderungen bei den Mitbewerbern,
- Veränderungen der Kundennachfrage

schätzen Sie nun den Umsatz, den Sie voraussichtlich im nächsten Geschäftsjahr erreichen werden. Seien Sie realistisch bei der Einschätzung des Umsatzes. Es nutzt Ihnen überhaupt nichts, wenn Sie den Umsatz nach den anfallenden Kosten planen. Dieser Plan ist unrealistische Träumerei und wird zerplatzen wie eine Seifenblase.

Kostenblock Wareneinsatzkosten

Als nächstes müssen die großen Kostenblöcke geplant werden. Dazu gehört im Einzelhandel immer der Block der Wareneinsatzkosten. Die Warenkosten für ein Geschäftsjahr sollten nicht höher als der geplante Umsatz abzüglich der Gewinnspanne sein. Gehen Sie hier dann besonders sorgsam vor, wenn Sie ein Einzelhandelsgeschäft betreiben, in welchem der Warenaufwand in direkter Abhängigkeit zum Umsatz steht. Ob Sie bisher optimal gewirtschaftet haben, erkennen Sie daran, dass Sie in Ihren Buchhaltungsunterlagen keine Zunahme des Lagerbestandes im Vergleich zum gleichen Zeitraum des Vorjahres zu verzeichnen haben. Ist Ihr Lagerwert stück- oder bestandsmäßig höher als im Vorjahr, haben Sie entweder zu teuer eingekauft oder zu wenig verkauft. Beides sollten Sie in der Budgetplanung für das kommende Jahr berücksichtigen. Um das Risiko eines zu hohen Warenbestandes zu vermeiden, kaufen Sie gut gehende Produkte lieber mehrfach im Jahr nach. Das ist zwar etwas aufwendiger, als die Ware nur zwei oder drei Mal im Jahr zu ordern, bietet aber viele Vorteile. Dieses Vorgehen sichert Ihnen zudem schnelleres Reagieren, wenn es finanziell enger wird.

Kostenblock Personalkosten

Zu den weiteren großen Kostenblöcken gehören neben den Wareneinsatzkosten die Personalkosten, geplante Investitionen, Marketing- oder Werbeaufwendungen und natürlich die Betriebskosten. Diese gilt es so genau wie möglich und so detailliert wie möglich im Voraus zu berechnen.

Achten Sie besonders auf Ihre Personalkosten. Haben Sie das Gefühl, dass diese auch im Vergleich mit anderen Einzelhandelsgeschäften Ihrer Branche zu hoch sind, prüfen Sie als Erstes Ihre Personaleinsatzplanung. Haben Sie Ihre Mitarbeiter dem Kundenaufkommen entsprechend eingeplant? Ich höre immer wieder, dass dies vor allem in kleineren Geschäften nicht möglich ist. Aber das stimmt nicht. Auch in ganz kleinen Geschäften müssen Sie nicht zwingend eine Vollzeitkraft einstellen, die von morgens bis abends im Laden ist. Auch in diesen Geschäften können Sie Teilzeitmitarbeiter oder Mitarbeiter auf 400 €-Basis einstellen. Und zwar genau zu den Zeiten, zu denen sie im Geschäft gebraucht werden. Es gibt Menschen, die aus verschiedenen Gründen lieber am Vormittag arbeiten können oder wollen und es gibt Menschen wie zum Beispiel Studenten, die lieber am Nachmittag, Abend oder am Wochenende arbeiten möchten. Wichtig ist, dass Sie die Arbeitszeiten und Arbeitsbedingungen vertraglich festhalten. So haben Sie am Ende möglicherweise eine höhere Anzahl von Mitarbeitern, die Sie beschäftigen, aber eine geringere Anzahl an Personalstunden insgesamt pro Monat oder Jahr. Eine weitere Möglichkeit, Personalkosten zu sparen, besteht darin, alle Arbeitsabläufe und Prozesse im Geschäft auf überflüssige und Doppelarbeiten zu überprüfen. Durch diese Optimierungen können in der Regel wieder einige Personalstunden gespart werden. Die Einführung von Zielvereinbarungen oder leistungsabhängiger Bezahlung führt zur Verbesserung des Umsatzes, welcher die Personalkosten relativieren sollte.

Kostenblock Betriebskosten

Auch Betriebskosten können Sie senken, indem Sie sich Angebote mehrerer Anbieter einholen und die Verträge mit möglichst kurzer Kündigungsfrist abschließen. Das können Sie quer durch fast alle Kosten machen. Sei es der Stromanbieter bei den Stromkosten, der Netzanbieter bei den Telefonkosten, die Reinigungsfirma, die Fixkosten Ihres Autos oder Ihre Versicherungen. Gehen Sie Ihre Kosten Rechnung für Rechnung durch. Ich versichere Ihnen, es gibt immer Optimierungsmöglichkeiten.

Am Ende der Überlegungen sollten Sie ein komplettes Budget für das kommende Geschäftsjahr planen können.

Fazit

Eine Budgetplanung ist als Grundlage jeder Geschäftstätigkeit unabdingbar, um zu jeder Zeit auf sich verändernde Umsatz- oder Kostensituationen reagieren zu können. Auf Basis dieser Budgetplanung werden Sie in die Lage versetzt, zu jeder Zeit steuernd in die Geschäftsprozesse eingreifen zu können. Sie haben das Steuerrad Ihres Unternehmens wieder selbst in der Hand.

91 Wie Sie Ihre Gewinnmarge erhöhen

Schauen wir uns eine stark vereinfachte Gewinn-und-Verlust-Rechnung an: Sie machen beispielsweise 100.000,- € Umsatz im Jahr mit Wareneinsatzkosten von 70.000,- €. Das sind 70 % der Kosten. Hinzu kommen noch alle anderen Kosten der Unternehmensführung, die vom Umsatz abgezogen werden müssen. Am Ende haben Sie vielleicht einen mageren Betriebsgewinn von 5.000,- €. Nun erhöhen Sie den Umsatz um 10.000,- € im Jahr auf 110.000,- €. Bei 70 % Wareneinsatzkosten (ohne Mengenrabatt und Ähnlichem) sind das 77.000,- €. Alle anderen Kosten erhöhen sich aber nicht linear mit. Sie steigen nur marginal. Sie werden vielleicht etwas höhere Personalkosten haben, die Miete und andere Kosten hingegen bleiben gleich. Damit können wir festhalten: Da der Gewinn, unabhängig vom Umsatz, in der Regel gleich bleibt, besteht die beste Möglichkeit zur Gewinnerhöhung in der Erhöhung des Umsatzes. So weit, so bekannt.

Die Stellschrauben zur Umsatzerhöhung

Der Umsatz ist immer ein Ergebnis davon, wie viele Kunden etwas in Ihrem Geschäft kaufen, wie viele Produkte sie kaufen und zu welchem Preis.

Umsatz = Anzahl der KB (Kassenbons) x Ø-Bon

Wie viele Kunden Sie in Ihrem Geschäft haben, können Sie anhand Ihrer Kassenbons täglich sehr gut sehen. Wie viele Artikel gekauft werden, sehen Sie ebenfalls auf jedem Kassenbon und auch deren Wert. Wollen Sie also den Umsatz in Ihrem Geschäft erhöhen, müssen Sie entweder die Anzahl der täglichen Kassenbons (Kunden) erhöhen oder den Durchschnittsbetrag je Kassenbon. Noch besser: beides.

Den Durschnittsbetrag je Kassenbon errechnen Sie, indem Sie die Anzahl der Artikel auf dem Bon mit dem durchschnittlichen Preis der Artikel multiplizieren. Auf dem Bon sind beispielsweise sechs Artikel mit einem Durchschnittspreis von 8,45 €. Dann beträgt der Durchschnittsbon 50,70 €. Damit Sie vergleichbare Zahlen erhalten, berechnen Sie die Bonwerte immer jeweils für einen Tag, eine Woche, Monat usw.

Durchschnittsbon = Ø Anzahl der Artikel auf dem Bon x Ø-Preis der Artikel

Da Sie mehr als einen Kunden am Tag haben, berechnet sich die

Ø Anzahl der Artikel je Bon = Anzahl der insges. verkauften Artikel ÷ Anzahl der Bons

im jeweilig betrachteten Zeitraum (z. B. ein Tag, ein Monat, ein Jahr).

Wenn Sie jetzt zwanzig Kunden am Tag mit dem gleichen Bon von 50,70 € hätten, wäre Ihr durchschnittlicher Tagesumsatz 1.014,- €. In der Realität ist es nicht ganz so einfach, da sich selten zwei Bons so genau gleichen. Um den tatsächlichen Durchschnittsbon und den tatsächlichen durchschnittlichen Tagesumsatz zu ermitteln, müssen alle Bons jeden Tag ausgewertet werden. Das ist in kleinen Geschäften mit wenig Frequenz sicher noch machbar. In größeren Geschäften benötigen Sie dazu eine entsprechende Software oder eine Tabelle zum Eintragen der Daten.

Den Durchschnittsgewinn je Kassenbon ermitteln Sie entsprechend:

Durchschnittsgewinn je KB = Ø Anzahl der Artikel je Bon x Ø-Gewinn der Artikel

Umsatz und Kaufverhalten der Kunden

Führen Sie diese Berechnungen regelmäßig durch und werten diese in Tabellen aus, werden Sie künftig schnell erkennen, an welcher Stellschraube Sie drehen müssen, wenn der

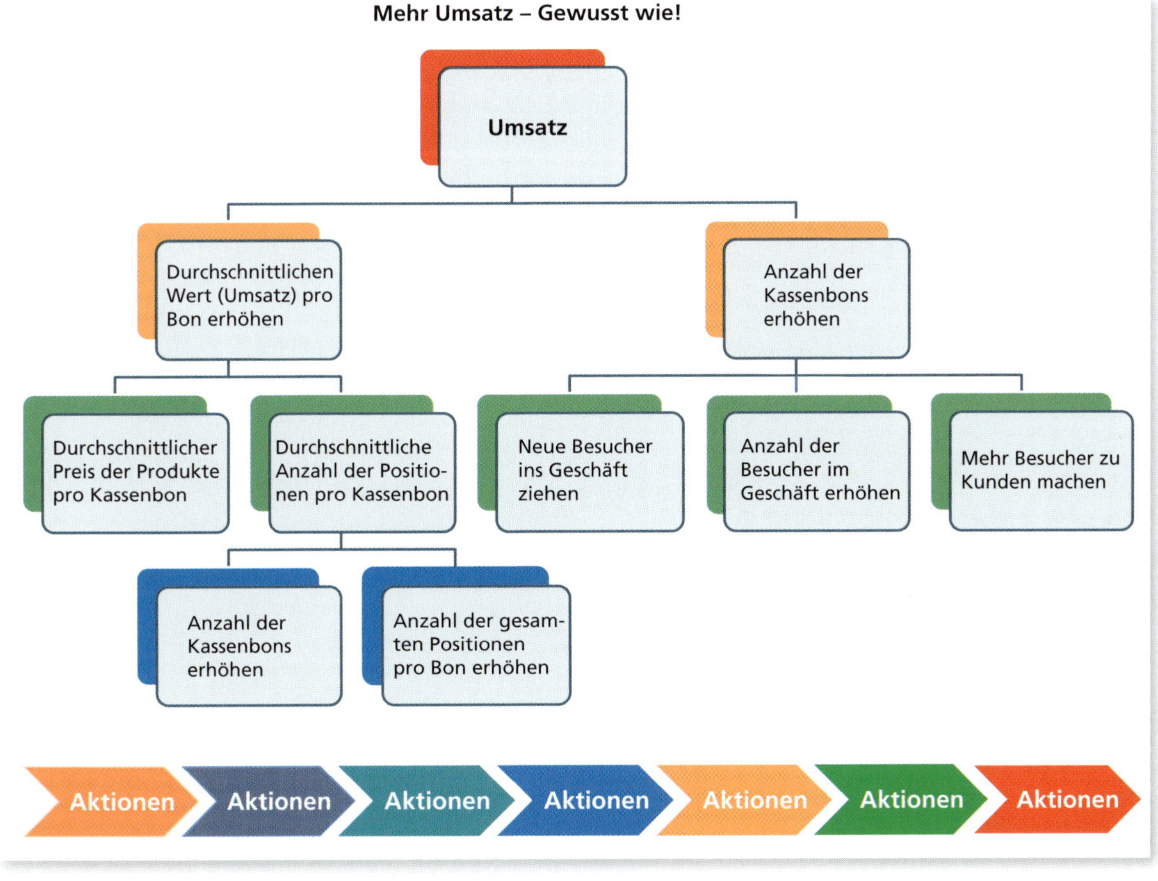

Darstellung der Faktoren, die den Umsatz beeinflussen. Quelle: Iris Skowronek

Umsatz sinkt. Oder wie Sie Umsatz und Gewinn weiter nach oben treiben können. Gleichzeitig haben Sie sicher auch festgestellt, dass alle Werte, die Sie ermitteln können, immer in engem Zusammenhang mit dem Kaufverhalten der Kunden stehen. Erstellen Sie z. B. mit den Werten eines Jahres eine Grafik, sehen Sie deutlich saisonale Schwankungen und Verkaufsspitzen.

Der Teufel steckt im Detail

Wer in die Tiefe gehen möchte, kann diese Werte auch je Sortimentsbereich ermitteln. Damit sehen Sie nicht nur, woran es insgesamt im Geschäft hapert, sondern auch noch in welchem Sortimentsbereich. Der Teufel steckt wie immer im Detail. Kennen Sie den Sortimentsbereich und welche Artikel darin nicht laufen, können Sie viel schneller die Ursachen finden. Haben die Verkaufspreise sich verändert, hatten Sie eine Sortimentsumstellung, Umbauten im Geschäft, Aktionen, Mitbewerberattacken etc.?

Sind die Kassenbons weniger geworden und Sie haben selbst keine Idee weshalb, können Sie eine Kundenbefragung durchführen. In jedem Fall können Sie mit diesen Berechnungen sehr schnell auf Veränderungen des Kaufverhaltens Ihrer Kunden reagieren.

Nun werden einige von Ihnen sagen, dass sie auch ohne Tabellen und ohne Grafiken wissen, wie es um ihr Geschäft steht. Mit Sicherheit haben langjährige Händler dafür ein gutes Gespür entwickelt. Aber wie schon so oft betont, ein Gefühl reicht heute leider nicht auf Dauer für eine gezielte Strategie, um auch in Zukunft auf diesem eng umkämpften Markt zu überleben.

Fazit

Es gibt gerade im Handel viele Einflussfaktoren in Bezug auf den Umsatz. Für jeden Einzelnen werden Sie ein gutes Gespür haben. Aber wie sich diese Faktoren gegenseitig beeinflussen, sehen Sie erst, wenn die Zahlen und Fakten Schwarz auf Weiß im Jahresablauf vor Ihnen liegen! Nur dann ist es möglich, gezielt auf den Gewinn und die Kosten im Geschäft Einfluss zu nehmen.

Auch der kleinste Fachhändler wird dazu übergehen müssen, seine Verkaufsergebnisse auszuwerten, Chancen und Risiken gegeneinander abzuwägen und seinen Verkauf strategisch zu planen.

92 Wie Sie die Anzahl der Bons und den Durchschnittsbon erhöhen

Wissen Sie eigentlich, wie viele der Menschen, die jeden Tag in Ihr Geschäft kommen, am Ende auch wirklich etwas bei Ihnen kaufen? Als Händler haben Sie prinzipiell zwei Möglichkeiten, um den Umsatz im Geschäft zu steigern. Zum einen durch die Erhöhung der Anzahl der Kassenbons, also der Abschlussrate (prozentuale Zahl, wie viel Besucher im Geschäft zu Kunden werden) oder durch die Erhöhung des durchschnittlichen Kassenbons. Umsatzwachstum ist zudem der effektivste Weg zur Kostensenkung und Kosteneffizienz. Außerdem können Sie anhand der Abschlussrate in Ihrem Geschäft erkennen, wie wirtschaftlich Sie arbeiten und wie viel Potenzial Sie noch haben.

Faktoren, die die Höhe des durchschnittlichen Kassenbons beeinflussen

Der durchschnittliche Kassenbon besagt, wie viel Geld jeder Kunde im Schnitt bei jedem Einkauf in Ihrem Geschäft ausgegeben hat. Wenn Sie Ihre Durchschnittsbons erhöhen möchten, muss es demnach Ihr Ziel sein, jedem Kunden in Ihrem Laden etwas mehr zu verkaufen oder mehr Besucher in Ihr Geschäft zu ziehen und dann auch zu Kunden zu machen. Dies ist keine leichte Aufgabe, da nicht nur die Sortimente sich immer stärker angleichen, sondern auch die Innenstadtbilder immer ähnlicher werden.

Ursachen, die Sie unbedingt prüfen sollten

Häufig glauben Händler, das Allheilmittel gegen Umsatzeinbrüchen läge allein in der vermehrten Werbung. Viel zu wenig werden andere Ansatzpunkte zur Steigerung des Durchschnittsbons und damit des Umsatzes in Betracht gezogen. So werden teilweise die letzten Mittel mobilisiert, um mit Flyern, Zeitungsanzeigen oder Preissenkungen neue Kunden in den Laden zu ziehen. Der Ansatz ist richtig. Aber es ist der zweite Schritt vor dem ersten.

Zuerst müssen die Hausaufgaben im Geschäft gemacht werden. Wissen Sie, weshalb potenzielle Kunden nicht in Ihr Geschäft kommen? Was vermissen diese bei Ihnen? Kennen Sie das Image Ihres Geschäftes? Wissen Sie, wie viele Menschen Ihr Geschäft in Ihrem Verkaufsgebiet überhaupt kennen? Haben sich die wirtschaftlichen Verhältnisse in Ihrem Gebiet verändert? Arbeitslosigkeit, demografische Änderungen, Lebensstil? Sie können Kundenbefragungen durchführen oder in den Ämtern der Stadt sich entsprechende Informationen holen.

Was machen Ihre Mitbewerber? Gibt es neue Geschäfts- oder neue Werbestrategien? Haben sie ihr Preisbild verändert? Andere Sortimente aufgenommen? Gibt es andere grundlegende Veränderungen?

Haben Sie sich Ihre Kassenbons genauer angeschaut? Gibt es bestimmte Tage, an denen der Durchschnittsbon besonders niedrig ist? Haben Sie Änderungen an Ihrem Sortiment vorgenommen? Wie ist die Kalkulation Ihrer Produkte? Ist nur der Durchschnittsbon gesunken oder auch der durchschnittliche Gewinn?

Alle hier genannten Fragen sollten Sie zunächst beantworten, um dann gezielt Maßnahmen ergreifen zu können. Anschließend können Sie Ihre Maßnahmen in interne und externe Maßnahmen aufteilen.

Intern: Möglichkeiten, um mehr Besucher im Geschäft zu Kunden zu machen
Ein Punkt, der oft zur Verärgerung der Kunden und am Ende zum Nichtkauf führt, ist die Wartezeit an den Kassen. Prüfen Sie Ihre Kassenbesetzungen und die Wartezeit der Kunden. Ergreifen Sie entsprechende Maßnahmen.

Wie sieht es mit Ihrem Sortiment aus? Ist die Verfügbarkeit der Waren zu jedem Zeitpunkt des Tages sichergestellt? Wie haben Sie Ihr Sortiment eingekauft? Nur auf Basis des Einstandspreises oder haben Sie auch an Kombinationsmöglichkeiten der Produkte innerhalb des Sortiments geachtet? Wenn Sie das bisher nicht gemacht haben, achten Sie bei Ihrem nächsten Einkauf unbedingt darauf. Kombinationsprodukte anzubieten, fördert den gemeinschaftlichen Absatz beider Produkte!

Haben Sie sich Ihre Preise aus Kundensicht angesehen? Sind Ihre Eckpreisprodukte (beim Kunden bekannt und im Fokus) möglicherweise im Preis zu hoch? Kunden reagieren extrem negativ bei diesen Wahrnehmungen und empfinden gleich das gesamte Angebot als zu teuer. Gehen Sie mit den Eckpreisprodukten besser etwas unter die Preise der Konkurrenz. Preiserhöhungsmöglichkeiten haben Sie genügend bei weniger bekannten und vergleichbaren Produkten. Sie werden staunen, wie hoch dort noch Ihr Potenzial ist. Überprüfen Sie es.

Nicht zuletzt sollten Sie die Impulskaufrate der Kunden in Ihrem Geschäft erhöhen. Haben Sie ausreichend, interessante „Schnapp und ab"-Produkte in der Kassenzone, in der Nähe der Einkaufswagen? Machen Ihre Warenbilder Lust aufs Einkaufen? Wecken Sie Begehrlichkeiten? Verfügen Sie über ausreichend schriftliche Informationen für Ihre männlichen Kunden und bieten Sie genügend Möglichkeiten? Haben Sie ausreichend saisonale Angebote im Geschäft, Sitzplätze, Einkaufswagen?

Extern: Möglichkeiten, um mehr Besucher anzuziehen
Sind die Hausaufgaben im Laden gemacht, ist es an der Zeit, mehr Besucher in das Geschäft zu ziehen. Wenn Sie mit Ihren Angeboten in der Zeitung werben wollen, so prüfen Sie bitte, ob diese Zeitung auch von einer ausreichend großen Menge Ihrer Zielkunden gelesen wird. Generell sollten Sie bei allen Änderungen, die Sie bei Ihrer externen Analyse festgestellt haben, auch Ihre Angebote auf die neuen Umstände einstellen. Werben Sie

mit Rückkehrangeboten oder Sonderverkäufen für Frauen. Machen Sie Schlechtwetter- oder Eintagesangebote an Tagen, an denen der Durchschnittsbon besonders niedrig ist. Stellen Sie Ihre Serviceleistungen auch in Ihren Angeboten heraus. Geben Sie den Kunden Sicherheit durch hohe Glaubwürdigkeit. Achten Sie bei Werbung, Anzeigen oder sonstiger Kommunikation mit Ihren Kunden auch weiterhin auf einen konsequent hohen Wiedererkennungswert. Ihr CI muss immer und überall deutlich wahrnehmbar sein. Durch die internen Veränderungen im Geschäft suggerieren Sie den Kunden auch nach außen eine hohe Leistungsfähigkeit.

Fazit

Um zu mehr Umsatz und Gewinn im Geschäft zu kommen, muss man wissen, mit welchem Öl die Stellschrauben „Anzahl der Bons" und „durchschnittlicher Kassenbon" geschmiert werden müssen. Nur so ist es möglich, taktisch und strategisch Umsatz und Gewinn kontinuierlich zu erhöhen.

93 Berechnung und Beeinflussung von Personalkosten

Wollen Sie Ihre Wettbewerbsfähigkeit erhalten, ist in jedem Handelsunternehmen eine ständige Überprüfung der Kostenstrukturen, insbesondere der Personalkosten unumgänglich. Dabei kommt es nicht nur auf die Höhe Ihrer Personalkosten an, sondern vor allem auch darauf, wie und wofür Sie Ihre Mitarbeiter im Geschäft eingesetzt haben. Entsprechen diese noch den Anforderungen Ihrer Kunden, Ihres Unternehmens? Entsprechen Sie den Effizienzkriterien für ein wirtschaftlich arbeitendes Unternehmen?

Analyse der Organisationsstruktur und des Personaleinsatzes im Geschäft

Die Kundenanforderungen und der Wettbewerb am Markt verändern sich ständig. Das führt dazu, dass Unternehmen immer wieder überprüfen müssen, ob ihre Organisationsstruktur und der Mitarbeitereinsatz diesen Anforderungen noch gerecht werden. Zu prüfen ist dabei immer wieder, wo es noch Potenziale hinsichtlich der Personalkosten und der Organisationsstruktur gibt. Wo hat Ihre jetzige Organisation ihre Stärken, wo ihre Schwächen? Wie arbeiten die Teams miteinander? Wie ist ihr Leistungsoutput? An welchen Schnittstellen gibt es unnötige Überschneidungen? Erarbeiten Sie eine Personalstruktur Ihres Unternehmens, denn die Zusammensetzung Ihres Mitarbeiterpools beeinflusst ganz wesentlich die Entwicklung der Kosten. Betrachten Sie die Durchlauffähigkeit der gesamten Organisation. Schauen Sie sich Ihre Personalbedarfsplanung an.

Prüfen Sie zunächst, ob die Mitarbeiter entsprechend dem Bedarf im Geschäft, ihrer Qualifikation und der vertraglichen Anforderungen eingesetzt sind. Gerade bei langjährigen Mitarbeitern schleichen sich im Laufe der Zeit viele Veränderungen ihrer Tätigkeit ein. Und manch ein gut qualifizierter Mitarbeiter macht inzwischen Arbeiten, für die er nicht nur überqualifiziert, sondern auch überbezahlt ist. Gehen Sie danach in die detaillierte Personaleinsatzplanung.

Potenziale finden

Die Veränderungen am Markt sind vielfältig. Kaum ein Monat ist, bezogen auf die Kundenfrequenz und den Personalbedarf, mit einem anderen vergleichbar. Das stellt hohe Anforderungen an Unternehmer und Geschäftsführer. Optimierte Personalkosten sind nur zu erreichen, wenn Sie auch flexibel auf den Kundenstrom reagieren können. Deshalb müssen Sie zuerst prüfen, ob Ihre Arbeitsverträge so gestaltet sind, dass Sie die Personaleinsatzplanung an die Kundenfrequenz bzw. an die Einkaufsmuster der Kunden anpassen können. In kleineren Geschäften wird dies ohne Probleme möglich sein. In größeren Geschäften muss geprüft werden, inwieweit Sie den Arbeitsvertrag verändern und anpassen können. Haben Sie einen Betriebsrat, sollten Sie auch noch einen Blick in die Betriebsvereinbarung, und sofern vorhanden, auch in die Gesamtbetriebsvereinbarung werfen. Arbeitszeiten sind dort in der Regel sehr akribisch festgehalten, sodass Sie überlegen müssen, entweder die Betriebsvereinbarung zu kündigen oder diesen Punkt zum nächstmöglichen Verhandlungszeitpunkt mit aufzunehmen. Können Sie die Personaleinsatzplanung nicht so schnell ändern, so können Sie zumindest die nicht ausgelasteten Mitarbeiter als „Springer“ für andere Bereiche einsetzen.

Berechnung der Personalkosten

Um die Personalkosten zu optimieren und gleichzeitig die Produktivität der Mitarbeiter im Verkauf zu erhöhen, müssen Sie Ihre Personalkosten im Detail kennen.

Berechnungsmuster für die Ermittlung der Personalkosten im Geschäft (ohne Unternehmerlohn).
Quelle: Iris Skowronek

Damit Sie den prozentualen Anteil der Personalkosten am Gesamtumsatz ermitteln können, rechnen Sie nun:

% Anteil der PK = (PK x 100) ÷ Gesamtumsatz

Bei der IHK, dem EHV und inzwischen auch immer mehr aus dem Internet, können Sie sich Vergleichszahlen der Personalkosten in Ihrer Branche holen. Liegen in Ihrer Branche die Personalkosten durchschnittlich bei ca. 18 % und haben Sie bei sich einen Wert von 21 % ermittelt, empfiehlt sich eine laufende Überwachung der Veränderungen in den Personalkosten, wenn nicht sogar eine Ursachenanalyse.

Prüfen Sie zuerst, ob möglicherweise die Aushilfslöhne sehr stark angestiegen sind oder ob es sogar Verschiebungen in Richtung der festen Personalkosten bei Ihnen gegeben hat. Das könnte ein erster Hinweis auf eine gefährliche Entwicklung sein, da feste Personalkosten lange nicht so schnell korrigierbar sind wie die variablen.

Feste PK = (Gehälter x 100) ÷ Gesamtumsatz ÷ Gesamtumsatz	Variable PK = (Aushilfslöhne x 100)

Gewinn pro Mitarbeiter

Berechnen Sie nun die Gewinnanteile, die Ihre Mitarbeiter erwirtschaftet haben:

Gewinn je Mitarbeiter = Gewinn ÷ Anzahl der Mitarbeiter

Ist es Ihnen möglich, den Umsatz- und damit auch den Gewinnanteil jedes einzelnen Mitarbeiters zu ermitteln, hat diese Zahl natürlich eine wesentlich genauere Aussagekraft als der durchschnittliche Gewinn je Mitarbeiter. Prüfen Sie, ob der Gewinn, den Ihre Mitarbeiter erwirtschaften, in einem akzeptablen Verhältnis zum prozentualen Anteil der Personalkosten in Ihrem Geschäft liegt. Haben Sie eine Einzelaufstellung je Mitarbeiter, können Sie sehr schnell die Mitarbeiter, die noch Verkaufspotenzial haben, identifizieren.

Was Sie noch machen können

Vor allem bei Neueinstellungen, aber auch bei geplanten Umschulungen Ihrer Mitarbeiter, sollten Sie sich bei der Agentur für Arbeit immer danach erkundigen, ob Sie irgendwelche Fördermittel erhalten können. Außerdem bieten viele Lieferanten Schulungen an, die in den meisten Fällen sogar kostenlos sind. Nutzen Sie diese ebenfalls für sich und Ihre Mitarbeiter.

Nicht zuletzt sollten Sie sich die Arbeitsprozesse in Ihrem Unternehmen genau anschauen und prüfen, ob Teile der Aufgaben von Subunternehmen übernommen werden könnten. Das hat den Vorteil, dass die Leistung pünktlich erbracht wird und dass Sie sich keine Gedanken über die Personalnebenkosten, den Urlaubs- oder Krankheitsausfall usw. machen müssten.

Fazit

Erfahrungsgemäß haben die meisten Einzelhandelsunternehmen gerade in ihrer Organisationsstruktur sowie bei den Personalkosten ein ungeahnt hohes Optimierungspotenzial. Wenn Sie an Ihrer Organisation arbeiten, optimieren Sie zumeist auch ganz erheblich die internen Prozesse und Abläufe. Gleichzeitig verbessert sich die Zusammenarbeit der einzelnen Fachschnittstellen in Ihrem Geschäft.

RUND UM UNTERNEHMENS-STRATEGIEN IM EINZELHANDEL

94 Wie Sie Unternehmensziele finden

Sind Sie bereit, mit Ihrem Unternehmen neue Wege zu gehen? Haben Sie in die Zukunft gerichtete Visionen und Bilder? Haben Sie Ziele, die langfristig, also strategisch angelegt sind? Diese Ziele sind der rote Faden, der Ihnen hilft, auch Ihre Teilziele zu erreichen. Welche Visionen haben Sie hinsichtlich des zukünftigen Nutzens, den Sie Ihren Kunden bieten wollen, welche hinsichtlich Ihrer Serviceleistungen und welche hinsichtlich Ihrer Ware? Kurz: Wie sieht Ihr ideales Unternehmen der Zukunft aus?

Ziele versus Maßnahmen

Für jeden Unternehmer und jede Führungskraft ist es eine Herausforderung, Ziele genau zu definieren. Ziele werden mit Maßnahmen vertauscht, was dazu führt, dass keine Visionen entstehen können. Denn Visionen sind fertige Bilder von Ihrem zukünftigen Unternehmen im Kopf. Von zentraler Bedeutung für das Finden von Unternehmenszielen ist die Lösung von Kundenproblemen. Dazu kommt, dass jeder Einzelhandelsbetrieb zahlreichen anderen Einflüssen, wie Veränderungen auf dem Markt und in der Gesellschaft, veränderten ökologischen Entwicklungen, Veränderungen des Wissens, aber auch dem Wertewandel ausgesetzt ist, die das Setzen von Zielen überlebensnotwendig machen.

Intuition als Berater zu den Unternehmenszielen

Oft ist die Intuition ein wichtiger Berater bei der Festlegung von Zielen und auch Maßnahmen. Natürlich gibt die Betrachtung der Geschäftszahlen bestimmte Indikatoren für die Zielsetzung vor. Aber wenn es darum geht, kurzfristig zu investieren, um den Kunden ein besseres Produkt oder einen besseren Service zu bieten, um mittel- bis langfristig die Kundenbindung und auch die Umsätze zu erhöhen, sollten die augenblicklichen Zahlen nicht das Entscheidungskriterium der ersten Wahl sein. Sie würden zwar kurzfristig Ihr Ergebnis verbessern, aber langfristig an Umsatz und Gewinn verlieren. Ich weiß aus eigener Erfahrung, wie groß die Herausforderung ist, eine solche Entscheidung zu treffen. Der Kopf sagt auf Basis der Zahlen „Nein" und der Bauch sagt intuitiv „Es wird schon funktionieren". Lässt sich das Risiko für eine Bauchentscheidung nach Ihrem Ermessen in Grenzen halten, dann entscheiden Sie intuitiv aus dem Bauch heraus.

Ein Traum mit einem Termin

Ziele müssen nicht besonders ausgefallen oder kompliziert sein. Aber es gibt drei Regeln für Ziele: Sie sollten realistisch, messbar und spezifisch sein. Ich finde ein Zitat von Harvey Mackay dazu sehr treffend. Es lautet: „Ein Traum ist ein Traum. Ein Ziel ist ein Traum mit einem Termin." Ich bin davon überzeugt, dass aus einem Traum nur dann ein realistisches

Ziel wird, wenn man sich einen Termin für die Zielerreichung setzt. Dadurch geben Sie Ihrem Traum das notwendige Gewicht, um sich zu zwingen, diesen Traum auch in die Tat umzusetzen.

Mit welchen Maßnahmen Ziele erreicht werden können

Um also Ihre Vision erreichen zu können, ist Ihr Hauptziel, mehr Umsatz und mehr Besucher zu generieren. Das bedeutet, Sie müssen sich Gedanken darüber machen, von welchen Faktoren der Umsatz beeinflusst wird. Nur dann erkennen Sie die Potenziale in Ihrem Unternehmen und können gezielt Maßnahmen festlegen, die dazu führen, dass die einzelnen Komponenten sich verbessern können. Wissen Sie beispielsweise, dass Ihr durchschnittlicher Kassenbon zu niedrig ist, können Sie jetzt den Grund dafür herausfiltern und ganz gezielt Maßnahmen ergreifen, in deren Folge mit einer Erhöhung des durchschnittlichen Kassenbons zu rechnen ist.

Ein Beispiel

Sie haben herausgefunden, dass sowohl die Anzahl der Kassenbons als auch der durchschnittliche Kassenbon selbst zu niedrig sind. In der tiefergehenden Analyse haben sich als

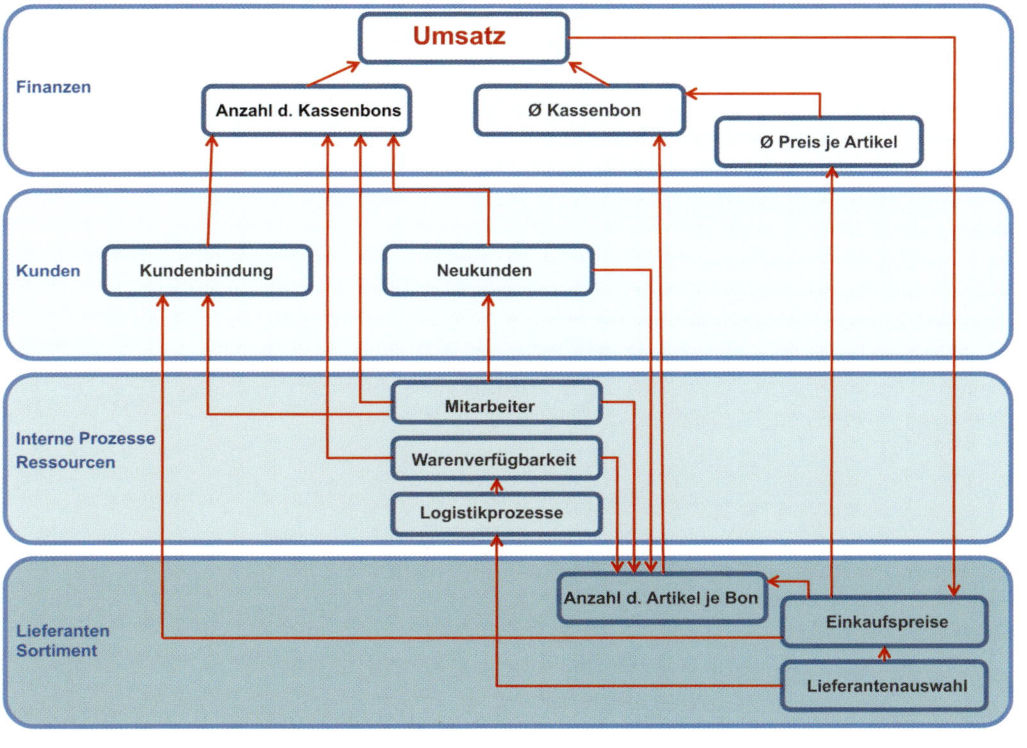

Die Balanced Scorecard (alle wichtigen Kennzahlen und deren Einflussfaktoren auf einem Blatt) für ein Einzelhandelsgeschäft. Quelle: Iris Skowronek

Ursache schlechte Einkaufspreise und schlechte logistische Prozesse in Ihrem Geschäft herausgestellt. Die nebenstehende Grafik (Balanced Scorecard) zeigt die Ursache-Wirkungs-Mechanismen, die in diesem Beispiel zum Tragen kommen, damit der Umsatz sich erhöhen kann.

Um Ihrer Vision und Ihrer Umsatzjahreszielsetzung näherzukommen, haben Sie sich entschlossen, als erstes mit den alten oder neuen Lieferanten zu verhandeln mit dem Ziel, die Einkaufspreise zu senken. Sie wissen inzwischen: Wenn Sie an einem Rädchen drehen, werden sich auch die anderen bewegen. Damit Sie sich in die richtige Richtung bewegen und Sie die richtigen Maßnahmen treffen können, müssen Sie das Zusammenspiel der Rädchen kennen.

Finden Sie beispielsweise einen besseren Lieferanten, können Sie möglicherweise die Einkaufspreise senken und die Differenz zum Teil an die Kunden weitergeben, die Warenverfügbarkeit verbessern, damit die Kundenbindung verstärken, neue Kunden gewinnen, oder die Anzahl der Artikel auf dem Kassenbon und den Warenumschlag erhöhen. Das Anpassen interner Prozesse ist dabei unumgänglich.

Jetzt erst ist es Ihnen möglich, zielgenaue Maßnahmen zu ergreifen. Da Sie an einer professionellen Lösung arbeiten, werden Sie sich natürlich auch fragen, was die einzelnen Maßnahmen für Sie und Ihre Mitarbeiter, Ihre Kosten und auch für Ihre Kunden bedeuten. Sie werden abwägen, was schiefgehen, aber auch, was besser als erwartet laufen kann. Sie werden, wenn notwendig, auch schadensbegrenzende Maßnahmen festlegen.

Folgen und Bedeutung der Maßnahmen

Ein weiterer Vorteil konkret messbarer und realistischer Ziele ist, dass Sie sich bei jeder Maßnahme, die Sie festlegen, um Ihr Ziel zu erreichen, fragen können: „Wie genau erfüllt diese Maßnahme mein Ziel?" Damit erreichen Sie schnell eine Priorisierung der Maßnahmen. Denn nicht jede Maßnahme steht mit nur einem Ziel in kausalem Zusammenhang. Wie beim tapferen Schneiderlein der Gebrüder Grimm können vielleicht auch Sie sieben Ziele (zumindest mehr als eins) mit einem Streich erreichen.

Fazit

Wer nicht weiß, wohin er gehen soll, wird nirgendwo ankommen. Ohne Ziele ist das Führen eines Unternehmens sinnlos. Ziele haben aber noch einen anderen Effekt. Sie motivieren zum Losgehen, zum Starten, weil die Arbeit plötzlich den Sinn erhält, bei den eigenen Visionen und Bildern anzukommen.

Formulieren Sie Ihre Unternehmensziele für mindestens drei Jahre. Wo wollen Sie in drei Jahren mit Ihrem Unternehmen am Markt stehen? Setzen Sie sich danach Etappenziele und gehen Sie den Weg der kleinen Schritte und der kleinen Ziele. Nur dann wird aus dem Traum einmal Realität.

95 Mit regelmäßigen Laden-Checks das Geschäft auf einem gleichbleibend hohen Niveau halten

Der Point of Sale ist der Platz, an dem Sie als Einzelhändler Ihr tägliches Geschäft machen. Es ist aber auch der Platz, an dem die Kunden entscheiden, ob sie kaufen oder nicht. Deshalb wird es immer wichtiger, dass Ihr Geschäft nicht nur einen guten Eindruck macht, sondern auch höchst wirtschaftlich funktioniert.

Es hilft nichts: Um optimale Abläufe und Prozesse auf Dauer gewährleisten zu können und damit auch die Kosten niedrig zu halten, müssen Sie diszipliniert und strategisch vorgehen. Dazu kommt, dass Kunden ein Geschäft leider regelmäßig schwächer beurteilen als der Besitzer selbst. Ein gutes Instrument, um die Qualität und Wirtschaftlichkeit des eigenen Geschäftes regelmäßig zu überprüfen, ist ein Laden-Check. Je nachdem, wie intensiv und umfassend Sie diesen durchführen, erhalten Sie eine detaillierte Ist-Aufnahme Ihrer derzeitigen Firmensituation in allen wesentlichen, das Unternehmen beeinflussenden, Bereichen.

Kontrollieren Sie regelmäßig Ihre Standards

Am besten eignen sich dazu Checklisten für jeden Unternehmensbereich, die Sie regelmäßig, mindestens aber einmal im Jahr durcharbeiten sollten. Mit diesem Laden-Check können Sie überprüfen, auf welchem Niveau Sie sich gegenüber Ihren und den Anforderungen der Kunden befinden, wo Sie besonders gut sind und wo Sie möglicherweise gegensteuern müssen, weil Prozesse nicht optimal funktionieren. Sind diese Checklisten einmal erarbeitet, kann jede Führungskraft oder jeder Mitarbeiter diese durcharbeiten bzw. den Inhalt kontrollieren. Schritt für Schritt entwickeln sich auch Ihre Mitarbeiter über die Arbeit mit den Checklisten zu Mitdenkern. Sie sind anhand der Fragen geradezu gezwungen, sich Gedanken über das Geschäft zu machen. Sofern möglich, lassen Sie diese Checks niemals nur durch eine Person durchführen. Besser ist eine Gruppe aus Mitarbeitern unterschiedlicher Bereiche, da jeder Mensch eine andere Wahrnehmung hat, sodass in einer Gruppe konträre Positionen ausdiskutiert werden müssen.

Zu welchen Themenkomplexen einen Laden-Check durchgeführt werden sollte

Ich empfehle Ihnen, für jeden Bereich (Verkauf, Controlling, Marketing, Logistik, Kundenservice, Personal, Ladengestaltung, Verkaufsförderung usw.) Ihres Geschäftes eine umfangreiche Checkliste zu erstellen. Dabei kommen leicht 50 Prüfpunkte und mehr je Bereich zusammen. Doch nur so können Sie stärker ins Detail und an die Wurzeln möglicher Probleme gehen und selbst ähnliche Themen, wie die Mitarbeiterentwicklung, bereichsspezifisch anpassen. Selbst wenn Sie keine weiteren Mitarbeiter haben, macht die Arbeit mit den Checklisten Sinn, da Sie sehr effektiv Schwachstellen in Ihrem Unternehmen aufdecken werden.

Eine **Checkliste** für den Verkauf in Ihrem Geschäft könnte dann folgende Bestandteile bzw. folgende Fragestellungen beinhalten:

- Sind alle Arbeitsabläufe in einem Handbuch beschrieben?
- Gibt es einen aktuellen Plan und ein aktuelles Ladenlayout Ihres Geschäftes?
- Aussagen über die neuesten Mitbewerberbeobachtungen.
- Fragen zum Sortiment, Ihrem Alleinstellungsmerkmal. Ist es aus Kundensicht gut ersichtlich?
- Fragen, wie der Kaufprozess für die Kunden im Geschäft abläuft. Durch die Beantwortung dieser Fragen können Sie kontrollieren, ob Ihren Kunden das Einkaufen leicht gemacht wird oder nicht.
- Fragen dazu, wie der Verkauf im Geschäft gesteuert wird, wie mit Zahlen, Daten und Fakten lösungsorientiert gearbeitet wird?
- Fragen zum Ausbildungs- und Entwicklungsstand der Mitarbeiter.

An dieser Stelle wurden von mir nur grob mögliche Fragekomplexe skizziert. Jeder der angeführten Punkte sollte etwa mit fünf bis zehn tiefer gehenden Fragen bezogen auf den Bereich und die Prozesse in diesem Bereich konkretisiert werden.

Beispielcheck: Verkaufsbereich

Die richtige Layoutplanung, Warenlegung, Wahrnehmung des Preisbildes, zielgruppengerechte Ladenatmosphäre, Ausbildung der Mitarbeiter und Anderes mehr entscheiden darüber, ob die Kunden für ihre Bedarfen und Wünschen in Ihrem Geschäft Lösungen finden oder nicht. Sie entscheiden in nicht unerheblichem Maß darüber, ob sich die Kunden wohlfühlen und kaufen werden oder eben nicht.

Nehmen Sie die Ist-Situation in Ihrem Bereich Verkauf mit folgenden beispielhaften Fragekomplexen auf:

- Werden die festgelegten Arbeitsabläufe in dem entsprechenden Bereich von den Mitarbeitern eingehalten?
- Sind Ihnen die Stärken und Schwächen der Mitarbeiter in diesem Bereich bekannt?
- Gibt es Ausbildungspläne für die Mitarbeiter?
- Gibt es einen Marketingplan mit über das Jahr verteilten Aktionen?
- Welches sind die aktuellen Rennerprodukte und welches die Penner?
- Gibt es eine Liste der häufigsten Kundenfragen?
- Gibt es eine aktuelle Kundenlaufmessung?

- Wie leicht kann der Kunde die Ware bei Ihnen kaufen?
- Gibt es, diesen Bereich betreffend, besondere oder neue Ideen von den Mitarbeitern?
- Welche Produkte sind die Umsatzträger, welches die Gewinnträger?
- Wo sind diese platziert?

Das war nur eine kleine Auswahl möglicher Fragen, die in Betracht kommen sollten.

Wenn Sie die Checklisten erarbeiten, stellen Sie sich vor allem die Frage, was alles funktionieren muss, damit Sie mit den Ergebnissen je Bereich zufrieden sein können. So erarbeiten Sie für alle Bereiche Ihres Geschäftes die notwendigen Checklisten. Am besten, Sie beziehen die Mitarbeiter in die Erarbeitung des Fragenkataloges mit ein. Die Mitarbeiter sind jeden Tag an der Basis. Sie wissen oft sehr genau, was ihnen die Arbeit erleichtert und welche Voraussetzungen notwendig sind, damit sie beste Leistungen erbringen können.

Bereiche für einen Sales-Scan bzw. Laden-Check im Einzelhandel. Quelle: Iris Skowronek

Fazit

Mit einer Liste zur Durchführung eines Laden-Checks und der anschließenden Ist-Analyse haben Sie sich Instrumente erstellt, mit denen Sie die wirtschaftliche Situation Ihres Geschäftes am Markt genau bewerten können. Sie erkennen, in welchen Bereichen Sie die größten Defizite haben und wo Sie zuerst mit welchen Prioritäten ansetzen müssen, um das Schiff auf Kurs zu bringen oder zu halten.

96 Welche Tasten Ihrer Klaviatur Sie als Chef spielen müssen

In vielen meiner bisherigen Tipps ging es immer wieder um Analysen und Unterlagen, die Sie zum Arbeiten benötigen, um ein erfolgreiches Einzelhandelsgeschäft führen zu können. Es ging um Ihr Sortiment, Ihren Umsatz, Ihren Gewinn, die Frequenz und Ihre internen Prozesse.

Mit anderen Worten: Der Umsatz in Ihrem Geschäft kann sich nur verändern, wenn Sie an den Komponenten arbeiten, die den Umsatz beeinflussen. Das ist ein sehr komplexes Thema. Damit es Ihnen leichter fällt, alle diese Bälle in der Luft zu halten, habe ich eine Liste mit den wichtigsten Unterlagen zusammengestellt, die Sie sich regelmäßig in unterschiedlichen Zeitabständen ansehen müssen.

Diese Punkte müssen Sie einmal im Jahr durcharbeiten:

- Die prozentuale Veränderung des Umsatzes des gesamten Einzelhandels in Ihrer Branche (GfK-Daten) im Vergleich zur Entwicklung Ihres Geschäftes
- Entwicklung des prozentualen Umsatzanteils pro Tag der Woche
- Der Branchenumsatz in Ihrem Verkaufsgebiet (IHK) im Vergleich zu Entwicklung Ihrer Unternehmung
- Ihr Marktanteil in Ihrem Verkaufsgebiet
- Die Entwicklung der Arbeitslosenquote in Bezug auf die Gesamtanzahl der Erwerbstätigen in Ihrem Verkaufsgebiet
- Die Entwicklung der Sparquote in Deutschland
- Die Entwicklung der Kaufkraft in Deutschland im Vergleich zu Ihrem Verkaufsgebiet
- Die Bilanz inkl. der Gewinn-und-Verlust-Rechnung
- Den taktischen Geschäftsplan für das kommende Jahr inkl. Budgetplanung und aller anderen Kosten

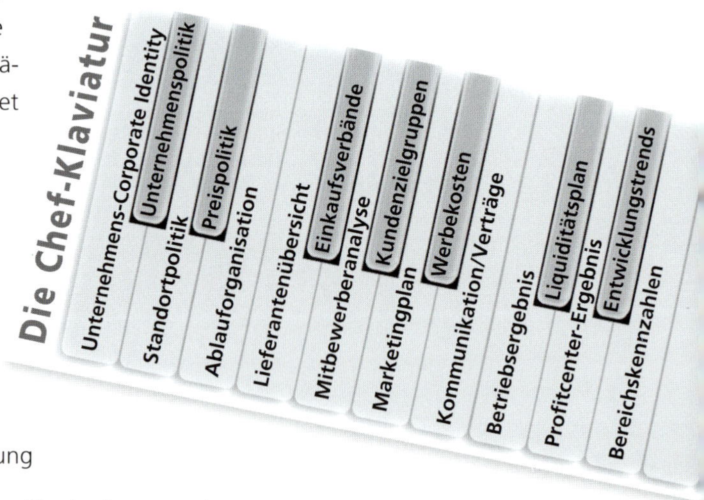

- Anpassung des dreijährigen Strategieplanes
- Den Marketingplan für das kommende Geschäftsjahr

Monatlich sollten Sie sich nachfolgend genannte Auswertungen ansehen. Sofern vorhanden, schauen Sie sich diese Auswertungen immer im Vergleich zu Ihrem Jahresbudgetplan als auch zum Vorjahr an.

Monatliche Betrachtungen:

- Den monatlichen und den kumulierten Jahresumsatz für das komplette Geschäft und nach Bereichen aufgesplittet
- Die monatlichen und kumulierten Personalkosten, Betriebskosten, Lagerkosten, Marketingkosten und alle sonstigen Kosten wie Energiekosten, Miete, Abschreibungen und dergleichen, um rechtzeitig eingreifen zu können
- Die aktuellen Zahlen der Gewinn-und-Verlust-Rechnung (im Hinblick auf mögliche Planabweichungen)
- Die Entwicklung der Besucherfrequenz in Ihrem Geschäft
- Die Gruppengröße Ihrer Besucher und der Anteil der tatsächlichen Käufer davon
- Anzahl der Besuche je Besucher aus Ihrem Einzugsgebiet (Besuchsfrequenz)
- Den prozentualen Anteil der Besucher zu Kunden (Käufer)
- Den durchschnittlichen Kassenbon
- Die Anzahl der Kassenbons
- Die Entwicklung der Top-Artikel (Rennerliste)
- Den Lagerbestand stück- und wertmäßig (plus Rennerliste) inkl. Lagerumschlag

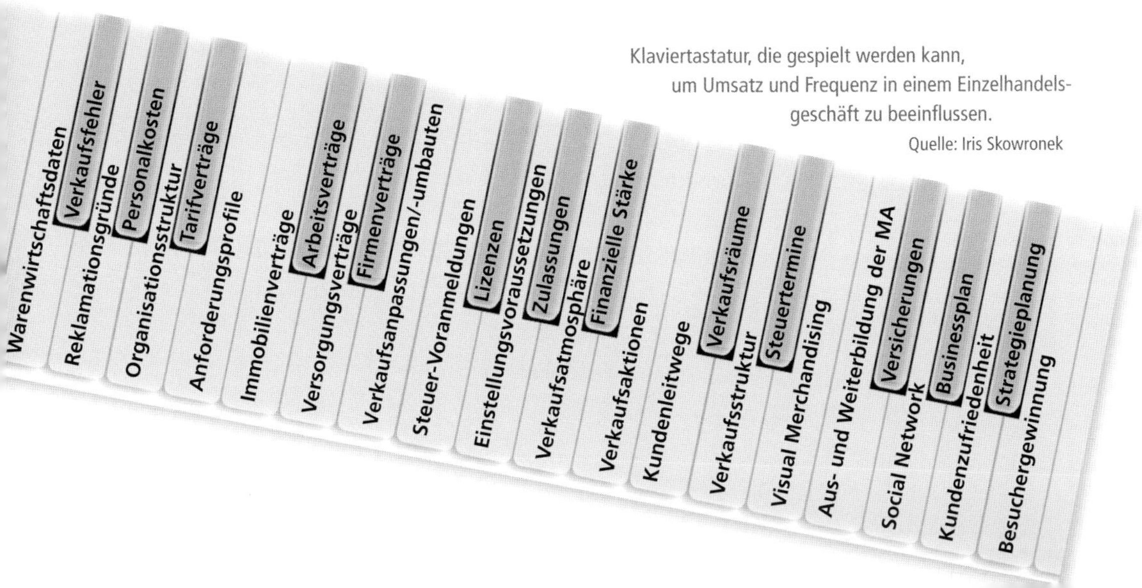

Klaviertastatur, die gespielt werden kann, um Umsatz und Frequenz in einem Einzelhandelsgeschäft zu beeinflussen.
Quelle: Iris Skowronek

- Den Flächenumsatz je Quadratmeter und je Bereich
- Umsatz und Ergebnisse der aktuellen Marketingaktivitäten
- Die Vergleichswerte aus anderen Filialen
- Den Umsatz je Mitarbeiter
- Preisänderungen und Rabatte
- Entwicklung des Krankenstandes
- Reklamationsstatistik
- PEP für den nächsten Monat (besser einen Monat im Voraus)

Leider kommen Sie um einige täglich zu aktualisierende Listen nicht herum. Aber Sie wollen doch in Zukunft ein äußerst erfolgreiches Unternehmen führen?

Tägliche Betrachtungen:

- Umsatz des Vortages gesamt und nach einzelnen Sortimentsgebieten aufgesplittet (im Vergleich zum Vorjahr und zum Budget)
- Aktivitätsliste (Umsatz, Warenbestand usw.)
- Personal- und Krankenstand
- Kassendifferenzen
- Besondere Vorkommnisse

Fazit

Um ein Handelsunternehmen heute erfolgreich führen zu können, werden Sie um wirtschaftliche Betrachtungen nicht herum kommen. Bei regelmäßiger Arbeit mit den oben genannten Unterlagen und dem sich daraufhin garantiert einstellenden Erfolg – bis hin zu mehr Freizeit für Sie als Unternehmer – werden Sie diese Unterlagen bald nicht mehr missen wollen.

97 Schnell umsetzbare Tipps zur Kostensenkung

Personalkosten

- Passen Sie die Personalkosten regelmäßig an die Umsatzentwicklung an, in dem Sie sich für hochfrequente Zeiten einen Kostenspielraum für zusätzliche Aushilfen lassen.

- Achten Sie auf das korrekte Einhalten der Arbeits- und Pausenzeiten. Regeln Sie Raucherzeiten als Pausenzeiten. Dulden Sie keine Schludrigkeiten. Im Laufe eines Jahres kommen sonst etliche Stunden inkl. Überstunden zusammen, die Sie bezahlen! Bringen Sie eine Stempeluhr an der Kantine an.

- Führen Sie Krankenrückkehrgespräche, um Ursachen ggf. erhöhter Krankenstände in Erfahrung zu bringen und Möglichkeiten zu deren Reduzierung finden zu können. Machen Sie regelmäßig eine Krankenstandsanalyse.

- Lassen Sie sich bereits am ersten Tag der Arbeitsunfähigkeit einen Krankenschein vorlegen. Das erhöht, aus eigener Erfahrung, NICHT die Fehlzeiten und ist nicht mitbestimmungspflichtig, falls Sie einen Betriebsrat haben! Aber Samstags- und Montagsblaumacher werden deutlich reduziert.

- Führen Sie (Tipp 80) klare Stellenbeschreibungen ein, um Doppelarbeit zu vermeiden und erstellen Sie für effizientere Arbeitsabläufe klare To-Do-Regeln.

- Arbeiten Sie konsequent mit einer frequenzangepassten Personaleinsatzplanung (Tipp 81). Achten Sie auf ausgeglichene Arbeitszeitkonten.

- Prüfen Sie, ob noch alle Mitarbeiter entsprechend ihrer Qualifikation und ihrem Arbeitsvertrag eingesetzt sind. Ansonsten passen Sie die Arbeitsinhalte und/oder Gehälter an.

- Vermeiden Sie das Ansammeln von Urlaub über den 31.03. des Folgejahres. Zahlen Sie keine Urlaube aus, vermeiden Sie das Abbummeln. Geben Sie lieber Gutscheine für Waren aus Ihrem Geschäft aus.

- Machen Sie einen Peak-day-Plan (Tipp 51) und greifen Sie dabei auf alle Ihre Mitarbeiter zurück.

- Bilden Sie die Mitarbeiter so aus, dass sie auch bereichsübergreifend eingesetzt werden können.

- Achten Sie auf Nebenkriegsschauplätze Ihrer 400,- €-Kräfte. Lassen Sie sich schriftlich bestätigen, dass sie keinen weiteren Job über die gesetzlich gestattete Tageshöchststundenzahl haben, und machen Sie sie ebenfalls schriftlich auf die Möglichkeit aufmerksam, dass sie den freiwilligen Rentenbescheid aufstocken können. Ablehnungen akzeptieren Sie ebenfalls nur schriftlich.
- Motivieren Sie Ihre Mitarbeiter zu Verbesserungsvorschlägen. Machen Sie daraus Gewinnspiele (siehe auch Tipp 85).
- Sammeln Sie gute Spontanbewerbungen, um bei Bedarf darauf zurückgreifen zu können. Auch zu einem späteren Zeitpunkt gibt es noch genügend Wechselwillige unter den Bewerbern.
- Führen Sie immer Probezeitgespräche.
- Setzen Sie anstelle eigener Dekorateure, Freelancer punktuell ein.
- Stellen Sie neue Mitarbeiter immer zunächst nur befristet ein.
- Seien Sie gerecht zu allen Ihren Mitarbeitern!

Konsequentes Kostenmanagement führt zu mehr Umsatz und mehr Geld im eigenen Geldbeutel. Quelle: fotolia

Betriebskosten

- Überlegen Sie, ob bestimmte Arbeiten (z. B. Reinigungsarbeiten) auch von den Mitarbeitern in frequenzschwachen Zeiten des Tages übernommen werden können.
- Machen Sie eine detaillierte qualitative Wareneingangskontrolle.
- Senken Sie die Kosten für Büromaterial und vor allem die Kopierkosten. Arbeiten Sie mit einer Codierung am Kopierer. Keine Selbstbedienung beim Büromaterial!
- Prüfen Sie die Mietnebenkosten für Ihr Geschäft sehr genau. Sind auch wirklich nur umlagefähige Kosten aufgeführt? Ein großer Teil der Abrechnungen ist falsch.
- Prüfen Sie, welche Reparaturkosten Sie wirklich laut Mietvertrag übernehmen müssen.
- Verhandeln Sie über eine umsatzabhängige Miete. Das hilft Ihnen vor allem über die Anfangszeit. Setzen Sie aber nach oben eine Grenze. Bei einer Mindestmiete sollte diese unbedingt von Ihnen verkraftbar sein. Schließen Sie langfristige Mietverträge ab, wenn Sie keine Toplage haben und achten Sie auf kurze Kündigungsfristen.
- Holen Sie sich immer mindestens drei Angebote ein, wenn Sie über Telefon, Strom, Reinigung usw. Vertragsverhandlungen führen. Vergleichen Sie konsequent die Anbieter. Schließen Sie niemals einen Vertrag nur aus Freundschaftsgründen ab.
- Prüfen Sie alle bestehenden Verträge nach den Möglichkeiten, die Anbieter durch kostengünstigere zu ersetzen.
- Prüfen Sie Untervermietmöglichkeiten bei einer zu großen Verkaufsfläche. Das Angebot sollte Ihr Angebot ergänzen. Gleiches gilt, wenn Sie Regalflächen vermieten.
- Greifen Sie bei Anzeigen, Plakaten, Flyern usw. auf alte Vorlagen zurück, um Entwicklungskosten zu sparen. Außerdem ist der Wiedererkennungswert (CI) deutlich höher.
- Prüfen Sie bei anstehenden Mitarbeiterschulungen Möglichkeiten des Selbstlernens durch entsprechende Softwareprogramme. Achtung: Lernerfolg überprüfen!
- Arbeiten Sie im Einkauf, bei der Werbung usw. in Kooperation mit anderen Händlern.
- Nutzen Sie bei Ihrer Werbung verstärkt die Social Communication-Möglichkeiten der entsprechenden Netzwerke.
- Überprüfen Sie, wo Sie Mitarbeiterstunden durch moderne Technik einsparen können.
- Lassen Sie die Finger von Gefälligkeitsanzeigen in Zeitungen oder anderen Medien, wenn Sie dadurch nicht nachweislich neue Besucher ins Geschäft bekommen können.
- Werbegeschenke sind überholt und für die wenigen Kontakte zu teuer. Werben Sie

auf Ihrer Einkaufstüte, der Tüte beim Bäcker, Servietten, Bierdeckeln, Lebensmitteln des täglichen Bedarfs und vieles andere mehr.

- Schreiben Sie Fachartikel (keine Werbung) für Ihre lokalen Medien. Ihr Name als Autor wird trotzdem erwähnt.
- Fliegen, reisen und übernachten Sie und Ihre Mitarbeiter zweiter Klasse (Vorbildwirkung!).
- Treffen Sie keine Pauschalvereinbarungen mit Ihrem Steuerberater. Prüfen Sie den Einsatz eigener Betriebsrechensoftware mit Onlineverbindung zum Finanzamt.
- Kaufen Sie neue Technik, schauen Sie sich vorher unbedingt die späteren laufenden Kosten zur Unterhaltung an.

Fazit

Dies sind nur einige der Tipps zur Kostensenkung in Ihrem Geschäft. Es gibt noch viel mehr Möglichkeiten.

Grundlage jeder Kostensparmaßnahme ist allerdings eine durchgängige und konsequent einzuhaltende Prozessoptimierung in Ihrem Handelsunternehmen. Betreiben Sie keine Symptombehandlung. Arbeiten Sie an den Ursachen für hohe Kosten und wenig Umsatz in Ihrem Geschäft.

98 Öffentlichkeitsarbeit als Teil der Unternehmensstrategie – Teil 1

Public Relations ist die Kommunikation mit der Öffentlichkeit. PR dient der Schaffung von mehr Nähe und emotionaler Bindung der Kunden. Mit guter PR können Sie

- Ihre Glaubwürdigkeit in der Öffentlichkeit stärken,
- Ihren Bekanntheitsgrad erhöhen,
- Ihre Unternehmensbotschaft an die Öffentlichkeit vermitteln.

Public Relations ist keine bezahlte Werbung, sondern fungiert als Mittler zwischen Ihnen und Ihrem Geschäft und der Öffentlichkeit. Im redaktionellen Umfeld kann Ihr Geschäft glaubwürdiger dargestellt und „objektiver" bewertet werden. Voraussetzung ist, dass Ihre PR-Meldung einen echten Neuigkeitswert hat, von öffentlichem Interesse ist und journalistischen Kriterien entspricht. Außerdem müssen Ihre PR-Mitteilungen nicht nur auf Ihre Zielgruppe zugeschnitten sein, sondern auch auf die jeweiligen Medien. Das gilt insbesondere für die Social Networks.

Die Öffentlichkeitsarbeit in Ihrem Geschäft muss genauso geplant werden. Sie müssen sich genau überlegen, welches Image Sie in der Öffentlichkeit erreichen wollen, Ihre Ziele klar festlegen und genau wissen, wen Sie durch welche Botschaft erreichen können.

Es gibt im Wesentlichen fünf Arten, wie Sie über verschiedene Medien mit der Öffentlichkeit sprechen können:

- über Pressemitteilungen on- und offline,
- über die sozialen Netzwerke (siehe Tipp 63 und 99),
- durch Interviews in Zeitungen, Radio oder im Fernsehen,
- durch ständigen Kontakt mit Journalisten
- über Pressekonferenzen (bei größeren Unternehmen).

Die Pressemitteilung

Die meisten stationären Einzelhandelsgeschäfte nutzen nach wie vor relativ stark die kostenfreie Möglichkeit der Pressemitteilung, um mit ihren Kunden in Kontakt zu treten. Dabei machen sie jedoch grundlegende Fehler, die dazu führen, dass die Pressemitteilung von der Redaktion nicht aufgenommen und gedruckt wird. Wie also sollte eine Pressemittei-

Journalisten müssen täglich aus vielen Pressemitteilungen eine Auswahl treffen.
Quelle: dfv

lung gestaltet sein, damit sich ihre Chance erhöht, „gedruckt" zu werden?

Sie muss vor allem für Ihre Zielgruppe verständlich und eindeutig formuliert sein und einen aktuellen Nachrichtenwert besitzen. Egal, welches Medium Sie für Ihre Pressemitteilung auswählen, Sie müssen davon ausgehen, dass die Redaktionen jeden Tag sehr, sehr viele Pressemitteilungen bekommen, aus denen sie auswählen müssen. Wollen Sie Ihre Pressemitteilung in einer lokalen Zeitung veröffentlichen, sollte Ihr Nachrichtenwert natürlich auch lokalen Bezug haben.

Konzentrieren Sie sich beim Schreiben Ihrer Pressemitteilung auf die Beantwortung der sechs Fragen: Was, Wer, Wo, Wann, Warum und Wie? Und das alles möglichst in den ersten beiden Absätzen. Alle anderen Details oder Hintergründe können danach folgen. Starten Sie mit Ihrer wichtigsten Botschaft, dem sogenannten Teaser, in der Einleitung. Danach folgen Ihre Hauptfakten, nähere Umstände, Details, Hintergründe und gegebenenfalls Ihre persönliche Wertung. Wenn Journalisten Texte kürzen, weil die Meldung zu lang ist, tun sie das meist von hinten.

Ganz wichtig ist auch, dass Sie die Pressemitteilung nicht in der Ich-Form verfassen und überlegen, ob Ihre Zielgruppe Ihre Sprache, Ihre Abkürzungen und Ihre Fremdwörter versteht. Achten Sie darauf, dass die Botschaften, die Sie senden, immer die gleichen sind – so, wie Sie sie in Ihrer Corporate Identity festgelegt haben. Nur durch stete Wiederholung werden sich diese Botschaften in den Köpfen Ihrer Kunden und der zukünftigen Kunden verankern.

Interviews für Zeitungen und im Radio

Früher kaum vorstellbar, haben durch die steigende Anzahl der Medien auf dem Markt auch kleinere Geschäfte durchaus die Chance, einmal ein Interview geben zu können. Machen Sie das niemals aus dem Bauch heraus, sondern bereiten Sie sich sehr genau darauf vor. Versuchen Sie im Vorfeld zu erfahren, worum es dem Journalisten geht, ob er an Neuigkeiten interessiert ist oder einen Hintergrundbericht schreiben möchte. Ich selbst habe immer versucht, den Journalisten zu fragen, welche Fragen er mir zu welchem Thema stellen will. Ich habe wirklich viele Interviews gegeben, aber nie erlebt, dass ein Journalist mir darauf keine

Antwort gegeben hätte. Sollte das Interview in einer Zeitung oder einer Fachzeitschrift abgedruckt werden (auch online), habe ich immer darum gebeten, den Artikel vor seinem Erscheinen noch einmal lesen zu dürfen. Manchmal wird behauptet, dass Journalisten diese Frage als Einschränkung ihrer journalistischen Freiheit betrachten könnten. Das kann ich nicht bestätigen, da ich es selbst nie erlebt habe. Geben Sie ein Radio- oder Fernsehinterview, müssen Sie bedenken, dass diese Interviews geschnitten werden können und Ihre Aussage dadurch eine andere Bedeutung bekommen kann. Das können Sie zwar nie ganz vermeiden, aber Sie können es einschränken, indem Sie Ihre Botschaften in diesem Interview an unterschiedlichen Stellen mehrmals wiederholen. Sie mögen sich dabei albern vorkommen in einer sogenannten Schleife zu sprechen, aber die Zuhörer werden es nicht merken. Menschen sind immer nur für kurze Zeit in der Lage, konzentriert zuzuhören. Machen Sie einen Selbsttest mit einem Aufnahmegerät zu Hause und spielen Sie Ihr selbst geführtes Interview anderen Menschen vor. Was Ihnen lächerlich vorkam, werden andere gar nicht bemerken.

Wichtig ist auch, dass Sie während eines Interviews sachlich bleiben, sich nicht provozieren lassen, sich nicht rechtfertigen und bei provozierter Stille durch den Journalisten nicht einfach weiterreden. Damit sollen Sie verleitet werden, Dinge zu sagen, die Sie vielleicht gar nicht sagen wollten. Halten Sie lieber die Stille aus. Der Journalist wird dann seinerseits mit einer weiteren Frage reagieren.

Es gibt ein breites Spektrum an Fachzeitschriften, die mit Ihrer Pressemitteilung Ihre Zielgruppe direkt ansprechen. Quelle: dfv

Fazit

Es ist heute durch die Medienvielfalt deutlich einfacher geworden, Informationen über das eigene Unternehmen auf unterschiedlichen Kanälen publik zu machen. Haben Sie etwas zu sagen und halten sich an die Spielregeln für eine Pressemitteilung, haben Sie gute Chancen, dass diese auch veröffentlicht wird.

Für ein Interview, egal in welcher Form, ist es grundsätzlich von Vorteil, sich auf maximal zwei bis drei Unternehmensbotschaften zu konzentrieren und diese in anderen Formulierungen ständig zu wiederholen. Nur so kommt eine Botschaft beim Zuhörer an.

99 Öffentlichkeitsarbeit als Teil der Unternehmensstrategie – Teil 2

Das Fernsehinterview

Bezogen auf Ihre inhaltlichen Aussagen sind bei einem Fernsehinterview die gleichen Aspekte zu beachten wie bei einem Radiointerview. Auch hier gilt, dass Sie sich kurz fassen, nicht zu schnell sprechen, aber schnell auf den Punkt kommen sollten. Wie in allen anderen Bereichen des Lebens mögen es auch Journalisten, wenn Sie sie während des Interviews öfter mit ihrem Namen ansprechen.

Geben Sie ein Fernsehinterview, müssen Sie bedenken, dass Sie nun die Zuschauer und Zuhörer nicht mehr nur mit Ihrer gesprochenen Sprache, sondern auch mit Ihrer Körpersprache und Ihrer Bekleidung beeinflussen. Das geht so weit, dass Sie mit den nonverbalen Signalen die inhaltlichen Aussagen des Interviews unterstreichen oder fast völlig aufheben können.

Es ist wichtig, dass Sie ruhig bleiben, Ruhe ausstrahlen und sich von der vielen Technik, die allerdings im überwiegend abgedunkelten Teil des Studios zu finden ist, nicht beeindrucken lassen. In die Kamera selbst sollten Sie nur schauen, wenn es mit dem Aufnahmeleiter oder Redakteur so vereinbart ist. Fragen Sie vorab beim Sender nach, welche Bekleidung für das Interview nicht so günstig ist. Einige Farben und Muster verursachen nämlich ein Flimmern im Bild.

Die Pressekonferenz

Pressekonferenzen sind dann das richtige Medium, wenn Sie Ihre Informationen an mehrere Medien und mehrere Journalisten zur gleichen Zeit geben möchten. Allerdings sollte es sich dabei um wichtige Informationen handeln. Wobei wichtige Informationen für eine Kleinstadt und lokale Medien ganz andere sind, als für eine große Stadt, einen großen Konzern oder überregional agierende Medien. Für eine Kleinstadt oder einen Stadtteil kann das zum Beispiel ein besonderes soziales Engagement Ihres Unternehmens sein oder aber eine Neu- oder Wiedereröffnung, verbunden mit einem neuen, einzigartigen Konzept oder aber einer kleinen Spende.

Da Journalisten immer wenig Zeit haben, sollte eine Pressekonferenz nicht länger als maximal eine Stunde dauern. Die beste Zeit für eine Pressekonferenz ist der Vormittag. So haben die Journalisten am Nachmittag noch Zeit, ihre Mitschriften oder Mitschnitte zu bearbeiten.

Schicken Sie die Einladung mit Datum, Ort, Sprecher und Dauer etwa eine Woche vor dem Termin an die ausgewählten Medien. So gerät das Datum nicht in Vergessenheit. Für

Pressekonferenzen ist es auf jeden Fall sinnvoll, eine Pressemappe mit den wesentlichen Inhalten der Pressekonferenz und vor allem aber mit den Ansprechpartnern in Ihrem Unternehmen bereitzuhalten.

Der kontinuierliche Umgang mit den Medien, den Journalisten und der Öffentlichkeit

Für viele Händler ist auch der regelmäßige Kontakt mit Journalisten interessant. Leider wird bei der Kontaktauswahl noch immer zu wenig selektiert. So wie es Zeitschriften und Zeitungen für verschiedene Gebiete gibt, so haben sich auch Journalisten auf bestimmte Gebiete spezialisiert. In Verlagen sind das dann die einzelnen Redaktionsbereiche.

Um professionell mit den Journalisten und den Redaktionen zu arbeiten, müssen Sie Ihre Informationen redaktionsangepasst liefern. Das bedeutet, dass im Wirtschaftsteil einer Zeitung oder Zeitschrift Ihr Reiseangebot für die gesamte Familie nebst Krabbelgruppen und Kinderschminken nichts zu suchen hat. Führen Sie ein Reisebüro, so können Sie an dieser Stelle mehr punkten, wenn Ihr Artikel Zahlen, Daten und Fakten der wirtschaftlichen Entwicklung Ihres Reisebüros enthält.

Die Redaktionen von Zeitungen, die wöchentlich kostenfrei in alle Haushalte verteilt werden, interessieren sich eher für Ihr Familien-Reiseangebot, die neue Umgestaltung Ihres Ladengeschäftes oder die Vorstellung Ihrer neuen Mitarbeiter.

Die Segmentierung, die Sie durchführen sollten, gilt jedoch nicht nur für Printmedien, sondern generell für alle Medien. Wenn Sie den Medien also Fachinformationen anbieten

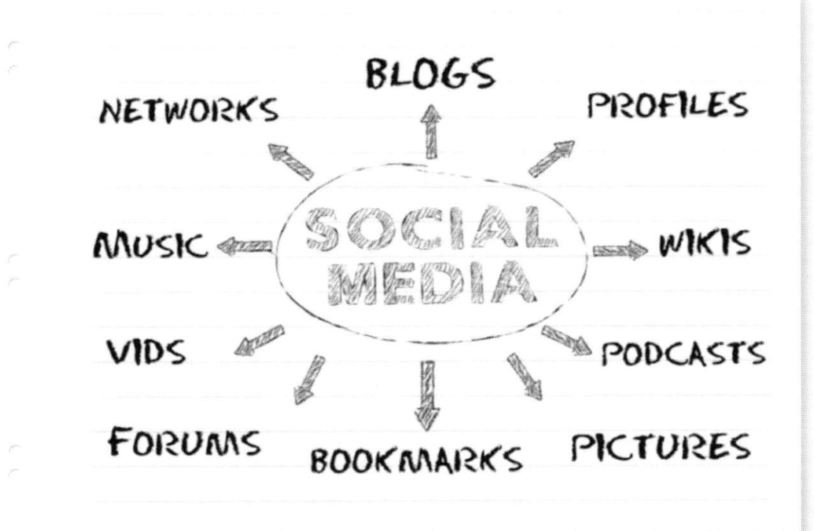

Öffentlichkeitsarbeit mit Social Media. Quelle: fotolia

wollen, machen Sie sich Gedanken darüber, ob der Nachrichtenwert von internationalem, überregionalem oder aber nur lokalem Interesse sein könnte. Nach dieser ersten Selektion fallen schon einmal die ersten Medien weg. Ehe Sie jetzt an die Redaktionen der verbleibenden Medien herantreten, überlegen Sie, ob Ihre Informationen in die Rubrik Lifestyle, Gesundheit, Wirtschaft, Politik, Kunst, Sport, Frau und Familie, Reisen, Literatur, Auto & Verkehr oder sonstige Rubriken passen könnte. Schauen Sie sich danach den Stil an, in welchem die Redaktion Beiträge veröffentlicht. Haben Sie die passende Redaktion gefunden, ist es hilfreich, sich noch einmal Gedanken darüber zu machen, ob Sie dieser Zielgruppe mit Ihrer Information die sechs W-Fragen beantworten können. Und vergessen Sie dabei nicht, welche Ihre Hauptbotschaft ist! Erst jetzt sind Sie ausreichend gewappnet, um mit den Journalisten oder Redaktionen in Kontakt zu treten.

Social Media als PR-Maßnahme

Unterschätzen Sie nicht die Social Media-Plattformen, wenn es darum geht, regelmäßig Öffentlichkeitsarbeit zu betreiben. Die Bedeutung dieser Kanäle steigt und steigt innerhalb der Kundenkommunikation. Erkennen Sie dieses Potenzial auch für Ihr Geschäft und fahren Sie eine gezielte PR-Strategie über Social Media-Plattformen.

Fazit

Da Journalisten täglich mit Informationen in jeder Form überhäuft werden, verlangt gute PR-Arbeit von beiden Seiten Professionalität. Sie müssen nicht nur die Spielregeln kennen, sondern sollten auch Verständnis für die Bedürfnisse der Journalisten aufbringen können. Halten Sie sich an die Regeln, können Sie im Laufe der Zeit nicht nur professionelle Kontakte aufbauen, sondern auch regelmäßig mit Ihrem Unternehmen in den Medien vertreten sein.

100 Kleiner Trend-Ticker für den Einzelhandel

1. Rund um den Markt

> Kundenkenntnis wird immer elementarer für Standortwahl und Cross-Selling-Möglichkeiten. Das bedeutet: Typologisierung nach sozio-demografischen Daten und stark zunehmend nach Motivstrukturen und Verhaltensmustern.

> Der demografische Wandel wird die Händler schmerzhaft treffen, die nicht vorbereitet sind. Außerdem nimmt die Zahl junger, innovationsfreudiger Konsumenten stark ab.

> Geschäfte müssen sich im Angebot zwischen Klasse und Masse entscheiden.

> Positionierungsstrategien werden in Richtung Preisführerschaft plus Zusatznutzen gehen (Preis + Convenience, Preis + Sortimentstiefe, Preis + Leistung, Preis + Bio = Ware + Dienstleistung) oder Exklusivität.

> Ohne große Kooperationen oder auch Standortkooperationen, USP oder Filialisierung wird der nicht organisierte Einzelhändler mit immer stärkeren Problemen zu kämpfen haben. Entscheidend: Ressourcen zu bündeln.

2. Rund um den Shop

> Zu den Gewinnern werden Shops mit Multi-Channel-Anwendung gehören.

> Der POS wird mehr und mehr zur Begegnungsstätte und zum Ort der realen Kontakte. und zum Vermittler von Lebensgefühl.

> Herkömmliche Kassen werden zugunsten von Check-out-Systemen (SB) für Kunden immer mehr vom Markt verschwinden.

> Shops werden zum Einkaufserlebnis für die Sinne. Gewinner sind Geschäfte mit unterschiedlichen Produktwelten.

> Neue stationäre Geschäftsformen, wie beispielsweise Pop-up-Stores werden zunehmen.

3. Rund um die Ware

> Innovative Sortimentszusammenstellungen werden weiter zunehmen.

> Produkte müssen einfach in der Handhabung sein, Genuss bieten und gut für die Gesundheit sein.

- Das Shopsortiment der Online-Händler wird nicht breiter, sonder schmaler und dafür deutlich tiefer werden (Fokussierung auf eine Produktgruppe).
- Regionale und qualitativ hochwertige Produkte werden stärker nachgefragt.
- Konjunktur haben Nahversorger mit speziellem Food-Sortiment (Bio, Käse, Wein, Fisch usw.). Dabei ist ein ganzheitlicher und vor allem glaubwürdiger Ansatz notwendig.
- Durch steigendes Gesundheitsbewusstsein wird mehr Geld für hochwertige Produkte auf diesem Gebiet ausgegeben.
- Individualisierte Produktangebote und Maßanfertigungen werden stärker nachgefragt. Betonung der Individualität.
- Premium-Herstellermarken werden sich am Markt weiter behaupten. Kleinere Marken verlieren an Bedeutung zugunsten von Handelsmarken.
- KMU müssen sich stärker auf Nischen konzentrieren, um weiter „mitspielen" zu können.
- Convenience-Produkte werden stark zunehmen. Nicht nur im Lebensmittelbereich, sondern über alle Branchen verteilt. (Grund: Single-Haushalte, Berufstätigkeit der Frauen, Verschmelzung von Beruf und Freizeit.)
- Geschlossene Warenwirtschaftssysteme werden wichtiger für die dringend notwendige Prozessoptimierungen im Logistikbereich.

Quelle: fotolia

4. **Rund um Verkaufsförderung und Verkaufssteuerung**

> Qualität rückt wieder mehr in den Fokus, Preise bleiben im Fokus.

> Verändertes Kundenverhalten führt dazu, dass Sortimente, Aktionen, Abschriften und Kosten dringend optimiert werden müssen.

5. **Rund um Marketing und Werbung**

> Auch der Einzelhandel wird um die Trends mobil, sozial und persönlich nicht herumkommen. Facebook und Co. werden bleiben und wachsen. So werden immer mehr Händler, vor allem die heute noch wenig vertretenen KMUs, auch diese sozialen Komponenten in ihren lokalen Geschäften und zwingend auf ihren Webseiten berücksichtigen müssen.

> Hochvisuelles Produktentertainment mit Video und anderen Techniken wird auf Handels-Webseiten zunehmen.

> Da 80 % aller Kaufentscheidungen heute bereits von Frauen getroffen werden, werden sich sowohl Produktentwicklung als auch Marketing und Shopgestaltung stärker an dieser Zielgruppe ausrichten müssen.

6. **Rund um die Kunden und den Kundenservice**

> Konsumenten wünschen einfacher zu bedienende Zahlverfahren. Das Bezahlen mit Handy und Smartphon wird sich weiter verbreiten.

> Der stationäre Handel wird stärker online verknüpft sein. Konsumenten lassen sich online stationäre Handelsgeschäfte in der Nähe empfehlen (Zunahme der Lokalisierungsdienste). Online- und Offline-Handel gehen immer stärker Hand in Hand.

> Convenience erfährt auch für den Einkaufsprozess selbst eine immer größere Bedeutung. Thema Bequemlichkeit.

> Integrierte Serviceleistungen der Fachgeschäfte nehmen zu (Kosmetikbehandlung in Parfümerien, Schuhreparatur im Schuhladen, Änderungsschneiderei im Bekleidungsgeschäft, Partyservice im Lebensmittelhandel usw.) Trend: Rundumversorgung aus einer Hand.

> Kunden werden über die Produkte stärker informiert sein und auch weiterhin Produkte unterschiedlicher Preisklassen miteinander kombinieren.

> Kunden wollen die Waren nicht mehr unbedingt im Eigenbesitz haben. Das Motto lautet deshalb: Mieten anstatt besitzen.

101 Ein letzter Tipp in eigener Sache: Wie Sie einen guten Berater finden

Die Berufsbezeichnung „Unternehmensberater" ist in Deutschland nicht geschützt. Jeder kann sich Unternehmensberater nennen und benötigt dazu keine besonderen Voraussetzungen. Neben vielen wirklich guten Beratern treiben sich dadurch auch einige Pseudoberater auf diesem Spielfeld herum. In den Augen vieler Handelsunternehmer sind Berater nicht nur teuer, sondern bringen auch keinen Nutzen. Dazu kommt die ganz natürliche Scheu der Unternehmen, mit der Beauftragung eines Beraters Schwäche nach außen zu signalisieren. So warten leider die meisten Unternehmen viel zu lange, ehe sie sich professionelle Hilfe ins Haus holen. Wenn überhaupt. Und oft ist das Schiff dann kaum noch vor dem Untergang zu retten.

Kein Mensch kann alles wissen

Nicht jeder Mensch kann alles wissen. Schon gar nicht in einem Zeitalter, wo sich Informationen in kürzester Zeit verdoppeln. Im Gegenteil. Ohne Netzwerk, Kooperationen und Hilfe jeder Art kann kein Unternehmen auf Dauer alleine überleben. Es zeugt sogar von ausgesprochener Professionalität, wenn ein Unternehmen sich die Kompetenzen ins Haus holt, die es selbst nicht oder noch nicht hat. Beispielgebend sind dafür viele große Unternehmen, selbst wenn sie bereits die Nummer eins am Markt sind. Auch sie kaufen sich immer wieder das Know-how von außen dazu. Denn ein Berater bringt neben dem Know-how auch noch weitere Vorteile mit. Da er nicht aus dem Unternehmen kommt, kann er die neutrale Sicht eines Außenstehenden einnehmen. Dazu kommt, dass er durch seine Arbeit in verschiedenen Unternehmen Vergleichsmöglichkeiten hat, über die ein Mitarbeiter innerhalb eines Handelsunternehmens niemals verfügen wird. Und nicht zuletzt unterliegt der Berater auch nicht dem innerhalb der Unternehmen herrschenden Machtstrukturen und ungeschriebenen Gesetzen.

Anforderungen an einen Berater

Die Ware, die ein Berater zu verkaufen hat, ist sein Wissen. Wissen, welches er in der Regel über viele Jahre zusammengetragen hat. Durch praktische Erfahrung, Bücher und Weiterbildung jeder Art. Menschen und Unternehmen, die dieses Wissen kaufen, möchten es sich nicht über Jahre selbst aneignen, sondern möglichst schnell davon profitieren. Sie erwarten von diesem Wissen innerhalb kürzester Zeit einen Mehrwert für ihr Unternehmen, zum Beispiel in Form von mehr Umsatz oder mehr Kundenfrequenz in ihrem Geschäft. Verlangen Sie diesen Mehrwert auch von einem neuen Mitarbeiter innerhalb kürzester Zeit? Vermutlich nicht. Das Schaffen eines so schnellen Mehrwertes wird nur von Beratungsleistungen erwartet. Das ist der Grund, weshalb die Honorare der Berater höher sind als bei anderen Dienstleistungen.

Wer die Wahl hat ...

Wichtig für Sie als Unternehmen ist, dass Sie sich den von Ihnen gewählten Berater genau anschauen. Er muss alle Prozesse im Unternehmen betrachten. Ansonsten werden Sie mit der Beratungsleistung nie ganz zufrieden sein. Nach diesen Kompetenzen sollten Sie das umfangreiche Angebot an Beratern durchforsten. Glauben Sie, einen geeigneten Berater gefunden zu haben, schauen Sie sich unbedingt dessen Vita, den Lebenslauf an. Wann und wodurch hat er seine Kenntnisse erworben? Sind sie rein theoretischer Natur oder bereits nachweislich in der Praxis erprobt? Seriöse Berater versuchen, sowohl ihre Kenntnisse als auch ihre Arbeitsweise und ihre Preise für Interessenten so transparent wie möglich zu machen. Sie haben auch nichts dagegen, wenn Sie sich eine Referenz von einem früheren Kunden einholen.

Was Sie von einem Berater erwarten können und sollten

Gerade im Einzelhandel machen viele Unternehmer den Fehler zu glauben, sie bräuchten nur einen Berater, der sich entweder im Verkauf **oder** mit Ihren Zahlen auskennt. Dann kommen recht seltsame Konstellationen zustande.

So wird beispielsweise für die Erarbeitung eines Businessplanes gerne ein Steuerberater oder reiner „Gründungsberater" hinzugezogen. Wenn der Gründungsberater aus der Branche kommt, praktische Erfahrung hat und Sie komplex beraten kann – kein Problem. Ansonsten lassen Sie besser die Finger davon. Ein guter Geschäftsplan ist komplex, umfasst alle Bereiche des Unternehmens und muss mit Chancen und Risiken für den Unternehmer so aufgestellt sein, dass das Unternehmen auch mittel- bis langfristig überleben kann!

Suchen Sie also einen Berater, weil Sie Ihren Umsatz erhöhen wollen oder weil Sie die Kundenfrequenz in Ihrem Geschäft erhöhen wollen, ist es mit Verkaufstrainings im Einzelhandel leider nicht getan. Ihr Unternehmen muss detailliert analysiert werden. Angefangen beim Einkauf der Waren über deren Anlieferung, Handlingprozesse im Geschäft, Mitarbeitereinsatzplanung, sämtliche Verkaufsprozesse bis hin zum Kundenservice, der Ladengestaltung und dem Marktauftritt. Das kann weder ein ehemaliger Autoverkäufer noch ein Steuerberater leisten. Dann wird an einzelnen Schrauben der Uhr gearbeitet, nicht aber am gesamten Räderwerk. Es wundert mich also nicht, wenn in vielen Fällen leider die gewünschten Ergebnisse nicht eintreten.

Ich kann gut verstehen, dass es Händlern, die mit jedem Euro rechnen müssen, schwerfällt, einen Berater zu engagieren. Das ist der Grund, weshalb Beratungen seit vielen Jahren auch vom Staat gefördert werden. Diese Förderungen zeugen aber auch davon, dass selbst der Staat die Notwendigkeit von Beratungsleistungen erkannt hat. Es gibt ganz unterschiedliche Möglichkeiten und Ebenen der Förderungen durch den Staat. Ein guter Berater sollte Ihnen zu diesen Möglichkeiten Auskunft erteilen können. Sind Sie unsicher, können Sie diese Auskunft auch bei der IHK oder dem Amt für Wirtschaftsförderung in Ihrer Stadt erhalten, um nur die Wichtigsten hier zu nennen.

Gerne können Sie auch mit mir Kontakt aufnehmen. Sei es, dass Sie Fragen zu diesem Buch haben oder aber Probleme in Ihrem Geschäft. Schreiben Sie mir eine E-Mail i.skowronek@haendlererfolg21.de. oder kontaktieren Sie mich über meine Website: www.haendlererfolg21.de.

Ich wünsche Ihnen viel Erfolg mit Ihrem Einzelhandelsgeschäft in einem der interessantesten Berufe der Welt!

Ihre

Iris Skowronek

Anhang

Praktische Formeln für den Einzelhandel

I. Kalkulationskennziffern

Kalkulationsschema:

Listenpreis netto
- Lieferrabatt
= Einkaufspreis brutto
- Lieferskonto
= Einkaufspreis netto
+ Bezugskosten
= Bezugspreis *(Einstandspreis)*
+ Handlungskosten
= Selbstkostenpreis
+ Gewinn
= Barverkaufspreis
+ Kundenskonto
= Zielverkaufspreis
+ Kundenrabatt
= Nettoverkaufspreis
+ Umsatzsteuer
= Bruttoverkaufspreis

Kalkulationszuschlag in % =

$$\frac{\text{(Bruttoverkaufspreis – Bezugspreis)}}{\text{Bezugspreis}} \times 100$$

(Der Kalkulationszuschlag ist ein prozentualer Aufschlag auf den Einstandpreis zur Ermittlung des Bruttoverkaufspreises.)

Kalkulationsabschlag in % =

$$\frac{\text{(Bruttoverkaufspreis – Bezugspreis)}}{\text{Bruttoverkaufspreis}} \times 100$$

(Der Kalkulationsabschlag ist ein prozentualer Abschlag vom Brutto Verkaufspreis zur direkten Ermittlung des Einstandspreises.)

Kalkulationsfaktor =

$$\frac{\text{Bruttoverkaufspreis}}{\text{Bezugspreis}}$$

(Der Kalkulationsfaktor ist eine Zahl, mit der man den Einstandspreis multiplizieren muss, um den Bruttoverkaufspreis zu erhalten.)

Handelsspanne in % =

$$\frac{\text{(Nettoverkaufspreis- Bezugspreis)}}{\text{Nettoverkaufspreis}} \times 100$$

(Die Handelsspanne ist ein prozentualer Abschlag vom Netto-verkaufspreis zur direkten Ermittlung des Einstandspreises.)

Handlungskostenzuschlag in % =

$$\frac{\text{Handlungskosten}}{\text{Wareneinsatz}} \times 100$$

(Der Handlungskostenzuschlag ist ein durchschnittlicher Prozentsatz aller Handlungskosten, die während der betrieblichen Leistungserstellung anfallen.)

Gewinnzuschlagssatz in % =

$$\frac{\text{Gewinn in €}}{\text{Selbstkosten}} \times 100$$

(Der Gewinnzuschlagssatz deckt den Grad des unternehmerischen Risikos ab und stellt Finanzmittel für Neuinvestitionen bereit.)

Gewinn in € =

(Barverkaufspreis – Selbstkosten)

(Der Gewinn ist die Differenz zwischen Ertrag und Aufwand.)

Skonto in € =

$$\frac{\text{Rechnungsbetrag}}{100} \times \text{Skontosatz (\%)}$$

(Skonto ist der Preisnachlass auf eine Rechnung für Zahlung innerhalb einer Frist oder in bar.)

Flächenproduktivität in € pro qm =

$$\frac{\text{Umsatz}}{\text{Verkaufsfläche in qm}}$$

(Die Flächenproduktivität berechnet sich aus dem Umsatz, der auf einem qm Verkaufsfläche gemacht wird.)

Umsatz pro Kunde in € =

$$\frac{\text{Umsatz}}{\text{Anzahl der Kunden}}$$

(Der Umsatz pro Kunde ist der Umsatz, der durchschnittlich mit einem Kunden erzielt wird.)

2. Rentabilitätskennziffern

Umsatzrentabilität in % =

$$\frac{\text{Gewinn}}{\text{Umsatz}} \times 100$$

(Die Umsatzrentabilität gibt an, wie viel Prozent Gewinn von jedem umgesetzten Euro übrig bleibt.)

Eigenkapitalrentabilität n % =

$$\frac{\text{Gewinn}}{\text{Eigenkapital}} \times 100$$

(Die Höhe der Eigenkapitalrentabilität gibt Hinweise auf die zukünftige Entwicklung des Unternehmens.)

Nettorentabilität in % =

$$\frac{\text{Deckungsbeitrag}}{\text{durchschnittlicher Warenbestand}} \times 100$$

(Die Nettorentabilität gibt Aufschluss darüber, wie viel jeder im Durchschnitt im Warenlager eingesetzte Euro an Rohertrag erwirtschaftet.)

Gesamtkapitalrentabilität =

$$\frac{\text{Gewinn + Fremdkapitalzinsen}}{\text{Gesamtkapital}} \times 100$$

(Die Gesamtkapitalrentabilität gibt Aufschluss darüber, wie effizient der Händler Eigen- und Fremdkapital eingesetzt hat.)

Return on Invest =

$$\frac{\text{Gewinn}}{\text{durchschnittlicher Warenbestand}} \times 100$$

(Der ROI gibt an, welche Rendite das investierte Gesamtkapital erbracht hat.)

Break-Even-Point *(Gewinnschwelle)* **in € =**

$$\frac{\text{Gesamte Fixkosten}}{\text{Preis/Artikel} - \text{variable Kosten/Artikel}}$$

(Der Break-Even-Point stellt den zur Deckung der Kosten notwendigen Umsatzerlös dar.)

Unternehmenssicherheit in € =

Geplanter Umsatz – Break-Even-Point

(Die Unternehmenssicherheit ist der Betrag, den das Unternehmen nach Deckung aller Kosten erreichen will.)

Kosten in % =

$$\frac{\text{Kostenart}}{\text{Rohertrag}} \times 100$$

(Die Kosten in Prozent spiegeln die Kostenstruktur eines Handelsunternehmens wider.)

Bankverbindlichkeiten in € =

$$\frac{\text{Zinskosten in € pro Jahr}}{\text{Durchschnittlicher Zinssatz}} \times 100$$

(Die Bankverbindlichkeiten stellen die finanzielle Situation eines Unternehmens dar.)

Unternehmensresultat in € =

$$\frac{\text{Bankverbindlichkeiten}}{\text{Gewinn ./. Privatentnahmen}}$$

(Das Unternehmensresultat stellt das wahre Ergebnis eines Unternehmens dar.)

Wirtschaftlichkeit in % =

$$\frac{\text{Ertrag}}{\text{Aufwand}} \times 100$$

(Die Wirtschaftlichkeit gibt prozentual an, wie viel Leistung auf eine Kosteneinheit entfällt.)

3. Markt

Absoluter Marktanteil in % =

$$\frac{\text{Umsatz des Handelsunternehmens}}{\text{Marktvolumen}} \times 100$$

(Der absolute Marktanteil nennt den Anteil, den das Unternehmen am Gesamtmarktvolumen in der Branche hat.)

Relativer Marktanteil in % =

$$\frac{\text{Eigener absoluter Marktanteil}}{\text{Absoluter MA des größten Mitbewerbers}} \times 100$$

(Der relative Marktanteil nennt den Anteil, den das Unternehmen am Marktvolumen des größten Mitbewerbers macht.)

Marktwachstum in % =

$$\frac{\text{Marktvolumen aktuell } \textbf{minus} \text{ Marktvolumen desVorjahres}}{\text{Marktvolumen des Vorjahres}} \times 100$$

(Das Marktwachstum zeigt das Wachstum des Unternehmens am Markt gegenüber dem Vorjahr.)

Sättigungsgrad in % =

$$\frac{\text{Marktvolumen}}{\text{Marktpotenzial}} \times 100$$

(Der Sättigungsgrad ist das Verhältnis von Marktvolumen zu Marktpotenzial im Einzugsgebiet.)

4. Werbekennziffern

Werberendite in % =

$$\frac{\text{Umsatzzuwachs}}{\text{Werbekosten}}$$

(Die Werberendite gibt Auskunft darüber, wie hoch der prozentuale Anteil des Mehrumsatzes nach Abzug der Kosten ist.)

Werbeeffizienz =

$$\frac{\text{Werbeaufwand}}{\text{Absatzsteigerung}}$$

(Die Werbeeffizienz als Zusammenspiel zwischen Werbewirkung und Werbeerfolg zeigt, ob die richtigen Mittel in der Werbung eingesetzt wurden.)

Tausend-Kontake-Preis (TP) in € =

$$\frac{\text{Preis einer Zeitungsanzeige}}{\text{Auflage (Vertriebs-, Druck- oder Verlagsauflage)}} \times 1000$$

(Der TKP für Printmedien ist eine „Währung" im Werbemarkt.)

Tausend-Hörer/ Zuschauer-Preis für Funk und TV in € =

$$\frac{\text{Preis eines 30-Sekunden-Spots}}{\text{Zahl der eingeschalteten Geräte (Erreichbarkeit)}} \times 1000$$

(Der TP für Funk und TV ist eine „Währung" im Werbemarkt.)

Tausend-Zielpersonen-Preis (TZP) in € =

$$\frac{\text{Preis für die Belegung eines Werbeträgers}}{\text{Zahl der erreichten Personen x Anteil der Zielgruppe}} \times 1000$$

(Wird für eine Kosten-Nutzen-Rechnung bei mehrfachem Kontakt mit den Zielpersonen zugrunde gelegt.)

5. Personal

Personalaufwandsquote in % =

$$\frac{\text{Personalaufwand}}{\text{Gesamtleistung x 100}} \text{ x 100}$$

(Die Personalaufwandsquote zeigt den Anteil der Personalkosten an der Gesamtleistung im Unternehmen.)

Personalaufwand in € =

$$\frac{\text{Personalaufwand}}{\text{Beschäftigte}}$$

(Der Personalaufwand zeigt die durchschnittlichen Kosten je Mitarbeiter.)

Umsatz je Mitarbeiter in € =

$$\frac{\text{Gesamtumsatz}}{\text{Anzahl der Mitarbeiter}}$$

(Der Umsatz je Mitarbeiter bildet die Effizienz der / des einzelnen Mitarbeiters ab.)

Nettoertrag je Mitarbeiter in € =

$$\frac{\text{Nettoertrag}}{\text{Anzahl der Mitarbeiter}}$$

(Der Nettoertrag je Mitarbeiter stellt eine Leistungskennziffer zur Rentabilität eines Unternehmens dar.)

Fehlzeitenquote in % =

$$\frac{\text{Fehlzeiten in Stunden oder Tagen}}{\text{Sollarbeitszeit in Stunden oder Tagen}} \text{ x 100}$$

(Die Fehlzeitenquote zeigt auf, wie viel Arbeitszeit von der Sollarbeitszeit durch Fehlzeiten verloren geht.)

Krankenquote in % =

$$\frac{\text{Anzahl der kranken Mitarbeiter}}{\text{Anzahl aller Mitarbeiter}} \times 100$$

(Die Krankenquote gibt den prozentualen Anteil der kranken Mitarbeiter an der Summe aller Mitarbeiter an.)

Ø Stundenlohn in € =

$$\frac{\text{Gehaltssumme}}{\text{Arbeitsstunden}} \times 1000$$

(Der durchschnittliche Stundenlohn gibt an, wie viel ein Mitarbeiter durchschnittlich in der Stunde verdient.)

6. Lagerkennzahlen

Ø Lagerbestand in Stück pro Jahr

$$\frac{\text{Anfangsbestand + Endbestand}}{2}$$

(Der durchschnittliche Lagerbestand zeigt an, wie hoch die Lagerbestände des Unternehmens über das Jahr im Schnitt waren.)

Lagerzinssatz in % =

$$\frac{\text{Ø Lagerdauer x Jahreszinssatz}}{\text{365 Tage}}$$

(Mit dem Lagerzinssatz werden die Zinsen für das durchschnittlich im Lager gebundene Kapital berechnet.)

Ø Lagerdauer in Tagen =

$$\frac{\text{Ø Lagerbestand x 365}}{\text{Wareneinsatz}}$$

(Die durchschnittliche Lagerdauer zeigt an, wie lange ein Produkt im Lager im Durchschnitt gelagert wurde.)

Lagerumschlagshäufigkeit =

$$\frac{\text{Wareneinsatz zu Einstandspreisen}}{\text{Ø Lagerbestand}}$$

(Die Lagerumschlagshäufigkeit zeigt an, wie oft sich der durchschnittliche Lagerbestand im Jahr umgesetzt hat.)

Kapitalbindung im Lager =

$$\frac{365}{\text{Lagerumschlagsgeschwindigkeit (LUG)}}$$

(Anhand der Kapitalbindung im Lager ist ersichtlich, wie lange ein Warenlager vorfinanziert werden muss.)

Bestellpunkt in Stück =

(verkaufte Stückzahl pro Tag x Lieferzeit) + Sicherheitslager

(Der Bestellpunkt gibt an, wann eine Ware wieder nachgeordert werden muss.)